Cadme men în aceasta primne
Pros; desenă plc Ape USA —

COLLECTION POÉSIE

Monica

Paris 7 Jan 93

Cosmen

Du museum de Arte Moderne du
Centre Pompidou — réto Borges

JORGE LUIS BORGES

Œuvre poétique

poétique

1925-1965

MISE EN VERS FRANÇAIS PAR
IBARRA

GALLIMARD

Titre original :

OBRA POÉTICA

© *Emecé Editores, 1965.*
© *Éditions Gallimard, 1970, pour la traduction française,*
1985, pour la « Vie de Jorge Luis Borges ».

PRÉFACE
À L'ÉDITION FRANÇAISE

Les Hindous furent plus sages : ils attribuèrent leurs monuments épiques à des personnages légendaires, à des sectes, à des générations, à quelque dieu, ou bien au Temps cet autre dieu, non à un individu limité par des dates. A leur différence, nous souffrons d'un sens excessif de l'histoire. Ce sens, auquel notre siècle doit des œuvres qui l'honorent comme celles de Spengler ou de Toynbee, ne laisse pas de troubler nos joies esthétiques, singulièrement dans le cas de livres écrits en collaboration ou de traductions. Le lecteur aujourd'hui veut savoir, pour juger, à qui il a affaire. Ainsi le meilleur roman de Stevenson, The Wrecker, *est resté ignoré de la critique pour la raison que l'auteur l'écrivit en collaboration avec son beau-fils Lloyd Osbourne, et que nul ne se hasarde à louer des pages de paternité incertaine. Il en va de même pour les traductions en vers. Nous voulons admirer le poète, non le traducteur, et ce scrupule ou ce préjugé a favorisé les versions littérales. Nous disons que le sens y est, bien que n'y soit pas la musique, comme si dans le poème ces deux éléments étaient séparables. Je soupçonne que les traducteurs de la Bible ne se fussent pas aventurés à modifier un seul des mots dictés par l'Esprit Saint... Entre-temps l'on a découvert que la littéralité est douée d'étranges pouvoirs : moins prestigieuses nous semblent* Les Mille et Une Nuits *que* Les Mille Nuits et Une Nuit. *Une involontaire réduction à l'absurde du procédé contraire apparaît chez l'hellé-*

niste anglais qui traduisit Chante, ô Muse, la colère d'Achille fils de Pélée *par* Un homme irrité, tel est mon sujet.

Si la mémoire ne m'abuse, Benedetto Croce tenait qu'un poème est intraduisible, mais qu'il peut être recréé dans une autre langue. En bonne logique, il suffirait d'un seul vers bien traduit pour réfuter cette assertion. Tout dépend, bien sûr, de ce qu'on entend par « bien traduit ». Pour moi, je suis nominaliste ; je me défie des affirmations abstraites et je préfère m'en tenir aux cas particuliers.

Jamais je ne m'acquitterai de ma dette envers Ibarra pour cette nouvelle vie, lucide et mystérieuse tout ensemble, que sa transposition française confère à mes vers. Le XVIIe siècle (Quevedo, Gongora, Saavedra Fajardo) a voulu ramener au latin la langue espagnole, et le modernisme l'enrichir des cadences de Verlaine ou de Hugo ; mais il est indiscutable que l'espagnol a surtout misé sur la vertu originelle de ses sonorités vocaliques et qu'il a été moins travaillé — moins assoupli, disait Groussac — que le français. Bien évidemment, ce n'est pas tout. Ibarra a partagé ma vie. Ibarra s'est intimement mêlé à Buenos Aires et à ses vastes faubourgs lumineux. Ibarra ne se méprend pas sur les connotations d'ironie, de tendresse et de nostalgie dont se nuance chaque mot de mes vers. Enfin et surtout, nul ne connaît comme lui les affinités et les différences des deux langues poétiques ; il apporte à la recherche des équivalences profondes l'art le plus précis et le plus sensible.

Avec émotion je lui redis toute ma gratitude.

Jorge Luis Borges.

Nous avons demandé à Michel Berveiller – que nous remercions vivement – de mettre cette préface en français. Nous ne pouvions, pour des raisons aisément compréhensibles, nous en charger nous-même. (N. d. T.).

AVANT-PROPOS
DU TRADUCTEUR

Les deux tiers de ce volume, et notamment la plus grande partie du dernier recueil et la plus importante, *L'Autre, le Même*, sont en vers : nous les traduisons en vers. Quel est ce scandale ? Et ne jouons pas sur les mots : en écrivants *vers*, nous comprenons les attributs traditionnels de ce langage : mesure, accents, rime, formes fixes...

Il n'y eût pas eu scandale pendant quelque cinq siècles, de poésie. Depuis une époque quasi immémoriale, et pour ainsi dire par définition, la poésie se distingue de la prose par une harmonie concertée ; avons-nous à évoquer l'autorité de Borges lui-même, qui deux pages plus haut rappelle qu'en poésie musique et sens sont indissociables ? D'ailleurs, les exemples sont là. Marot, Malherbe, Corneille, Lamartine, Musset et, tout près de nous, il y a quelque quarante ans, Jean Prévost, traduisent des vers (et parfois des versets) en vers. Il en était de même à l'étranger : souvenons-nous de Swinburne, de Stefan George, de Rainer Maria Rilke à qui nous devons une admirable version du *Cimetière marin*...

Nous inspirant de ces exemples et à notre modeste échelle, nous avons voulu, ou nous aurions voulu, que notre texte ressemblât le moins possible à une traduction ; nous avons cherché à faire œuvre poétique plus que documentaire.

Ceci nous a paru d'autant plus justifié que la versification de Borges est très strictement et très délibérément régulière, dès qu'elle choisit de l'être ; c'est dans les harmonies les plus faciles et les plus convenues qu'il libérera enfin son souffle, qu'il trouvera son accent le plus neuf. Traduire les sonnets, réguliers ou libres, par des sonnets réguliers ou libres, les quatrains par des quatrains, adopter les rythmes traditionnels, conserver la rime en refusant autant que possible le secours paresseux d'une intempestive pauvreté, ne pas s'accorder d'autre licence (mais en est-ce une de nos jours ?) que la césure souvent élidée ou éludée, tel est d'abord le dessein de ce travail, son souci, sa profession[1]. Non pas, évidemment, son seul dessein.

Quelques cas particuliers appellent un commentaire. Des rimes faciles et à l'occasion approximatives pouvaient rendre compte des strophes assonantes de *Le Général Quiroga s'en va-t-en berline à la mort* ; mais les vers blancs de certaines compositions (dont plusieurs essentielles : *Poème conjectural, L'Autre Tigre...*) posaient un problème sévère. Nous avons fait jouer ici la règle générale, et la traduction écarte la rime comme le modèle. Mais le *verso libre* (vers sans rime mais mesuré) se trouve avoir une vaste littérature en espagnol, alors qu'en français – les traductions mises à part, dont nous ne nous inspirerons pas – on ne saurait leur en trouver une qu'occasionnelle, expérimentale ou quelque peu contentieuse. Notre fidélité en prend je ne sais quoi de simulateur et de captieux. L'autre choix eût été de traduire les vers blancs par des vers rimés ; on comprendra qu'il nous ait fait reculer. Outre qu'elle eût semblé donner une leçon outrecuidante et caricaturale à ceux qui traduisent les vers

1. Roger Caillois, dont on a pu lire dans *L'Auteur* la traduction d'une trentaine de ces poèmes, y prend un parti très différent, et surtout marqué d'éclectisme. Peut-être devrions-nous écrire ici que, tout en discutant son point de vue, nous le comprenons et le justifions ; à cet hommage, qui risquerait de paraître un peu casuiste, il a été préféré un combat non seulement plus loyal, mais à tout prendre plus modeste et plus courtois envers un écrivain dont l'ensemble de l'œuvre apparaît si digne d'attention et d'adhésion.

rimés par des vers blancs, la disposition des rimes restait à trouver, et constituait une grave pierre d'achoppement : le vers blanc se caractérise d'abord par une liberté de phrasé que la rime, avec ses retours et ses arrêts, ne peut que ruiner. Problème plus vaste et plus important, fallait-il choisir, pour traduire le décasyllabe original, le décasyllabe ou l'alexandrin ? C'est l'alexandrin qui a été préféré presque partout : il est le vers type français comme le décasyllabe est le vers type hispanique[1]. Malgré un vaste passé, malgré d'éclatantes résurrections, le décasyllabe français, avec sa césure hâtive, manque décidément d'ampleur ; peu fixé à ses débuts, peu exercé et jamais interrogé pendant quatre ou cinq siècles, il nous apparaît à présent encombré de rigueur qu'il est difficile d'esquiver sans quelque lâcheté, comme d'honorer sans quelque sottise. Reste que l'alexandrin a deux syllabes de plus, sinon de trop... Il faudra revenir là-dessus.

Attitude apparemment assez rare chez les traducteurs littéraires, nous avons décidé de faire confiance au lecteur. Nous avons commencé par lui accorder un humanisme assez vivace pour que *lent dans l'aube* nomme spontanément sa référence : *lentus in umbra ;* nous avons maintenu, là où ils ne devenaient pas trop choquants en français, l'acception étymologique, le parfum latin ou latinisant du vocabulaire, de la syntaxe, du style. Plus généralement, nous avons tenté de conserver ou de transposer avec le plus de fidélité possible ce traitement tendancieux – mais jamais gratuit – du langage dont Borges est inséparable : invasions du physique par le moral (*mares crapuleuses*), détournements de sens et de connotations, fécondes mésalliances... Là, partout, surtout, nous nous sommes refusé à toute facilitation, à toute *réduction* de l'original : nous avons fait le pari chez le lecteur français d'un sens littéraire suffisamment aigu, souple et curieux. L'exemple suivant peut servir à marquer le niveau le plus

---

1. Et italien. Les Espagnols et les Italiens l'appellent hendécasyllabe parce qu'ils comptent la dernière syllabe atone.

modeste de ce postulat ; nous douterions si le lecteur qui montrerait ici refus, réticence, indifférence même est vraiment fait pour goûter Borges sans grave malentendu.

Interrogés aux soirs d'hôpital ou de guerre

(il s'agît des miroirs, dans le poème éponyme)

Quelquefois les ternit l'haleine d'un vivant.

Le texte original porte : *l'haleine d'un homme qui n'est pas mort* ; le probable et tragique adverbe *encore* reste sous-entendu et doit le rester. *L'haleine d'un mourant* serait la traduction française presque réflexe que nous avons, presque par réflexe aussi, écartée.

Cette même confiance, ce même pari dictent la conduite suivie pour les notes. Celles-ci sont rares. S'il leur arrive de marquer une hésitation du traducteur, d'introduire une brève confidence ou un essai d'excuse, elles n'apparaissent le plus souvent que pour éclairer le lecteur sur quelque particularité de l'histoire, de la géographie, des mœurs argentines, là ou le besoin (le besoin esthétique, à la fréquente exclusion des autres) s'en fait sentir. Parfois la lisibilité elle-même était l'enjeu : pour le *Poème des dons*, il a fallu mentionner quelques traits de la vie et de la carrière de l'auteur, l'original s'adressant à de faciles initiés et n'ayant pour eux, mais pour eux seuls, rien d'un rébus.

Mais ailleurs, les rébus ne manquent pas, et induisent le traducteur en de cuisantes tentations. Proposera-t-il des clefs, essaiera-t-il de départager l'incontrôlable et l'imaginaire ? Car on voit vite que la mystification est chère à Borges poète autant qu'à Borges essayiste ou conteur ; et, tout voisin de la mystification, ce jeu provocateur qui lui fera tourner de telle sorte un sonnet (*Jean, I, 14*) qu'Haroun al-Rachid semble se placer chronologiquement avant Jésus, ou donner pour titre à un poème (*Luc, XXIII*) l'expresse référence évangélique qui le ruinera.

Nous avons finalement opté pour l'abstention. Il le fallait ; au lecteur de sonder sa mémoire, sa bibliothèque, son ingéniosité, de répondre comme il l'entendra, et peut-être par le renoncement pur et simple – ou ni pur ni simple –, à ces invitations reconduites, à cette complicité maintenue. Parfois peut-être (à la fin d'*Une clef à Salonique*, un peu partout dans *La Lune*...) sentira-t-on notre difficile réserve traversée d'impatiences et de désirs.

Un mot sur la francisation de certains noms. Dictée par une vive méfiance du localisme phonétique, elle n'est que le corollaire ou que la pointe des autres partis pris. Si le lecteur les a acceptés, peut-être ne s'étonnera-t-il pas trop que *Muraña* devienne *Muragne*, qu'*Iberra* devienne *Iberre*, que Borges – qui parle parfois de lui-même à la troisième personne – reste Borges[1]. Nous ne nous sommes arrêté qu'au seuil d'une tradition trop établie ; nous avons reculé, non sans quelque regret, devant *Saint-Martin* le libérateur et *Sarment* le civilisateur : non sans quelque regret qu'il n'y ait pas de place ici pour le sourire qui faisait traduire à Samuel Butler *Dymas, célèbre par ses vaisseaux* (Odyssée, VI, 22) par *the famous captain Dumas*.

*

Si le présent travail doit s'attendre à des comparaisons juxtalinéaires, il est clair qu'il s'adresse d'abord à des lecteurs non hispanisants. Pour leur permettre de juger sur pièces, quelques échantillons vont être présentés. Nous donnerons d'abord le texte français, puis la traduction mot à mot du texte espagnol. Inversion inhabituelle, mais destinée à préserver la force inestimable du *précédent* et à ne pas encourager la critique à paraître trop tôt chez le lecteur : si le critique précède, une traduction n'est plus

1. *Reste*, car c'est ainsi (avec un *e* muet, et l'accent tonique à sa place) que notre siècle se présente lui-même aux francophones. Ses professeurs et condisciples genevois des années dix ou vingt ne prononçaient pas autrement. Certes, *Borgès* prend des allures plus hispaniques. Sans doute à cause de... Barrès !

13

qu'un exercice, qu'une *épreuve*. Quant au choix des exemples, s'il n'est pas l'œuvre du hasard – qui le croirait ? – il cherche dans quelque mesure à s'en inspirer. Ne retenir que les équivalences les plus favorisées eût été animer la méfiance du lecteur, l'aiguiller sur d'autres textes pour des pointages prévenus et, dans le meilleur des cas, faire le lit de la déception.

Ta mémoire te reste ; et pourtant il est une
Image que tu vois pour la dernière fois.
Jamais le blanc soleil, jamais la jaune lune
Ne te verront descendre à la source des bois.

Cette langue d'oiseaux, de coupes et de roses
Que t'offrait le Persan, tu ne l'entendras plus ;
Elle t'échappera quand dans les soirs diffus
Tu voudras murmurer d'inoubliables choses.

Et mon passé d'Europe, aujourd'hui si réel,
Et ce Rhône incessant, et son lac, et le Tage ?
Ils connaîtront bientôt le néant de Carthage
Qu'effaça le Latin par la flamme et le sel.

Je crois entendre au loin des rumeurs qui s'agitent,
Désordre de départs au levant embrumé ;
Une foule m'oublie après m'avoir aimé ;
Voilà le temps, l'espace et Borges qui me quittent.

Parmi tes souvenirs, il y en a un
Qui s'est perdu irréparablement ;
Ne te verront descendre à cette source-là
Ni le blanc soleil ni la jaune lune.

Ne reviendra pas ta voix à ce que le Persan
Dit dans sa langue d'oiseaux et de roses
Lorsqu'au couchant, devant la lumière éparse,
Tu voudras dire d'inoubliables choses.

Et l'incessant Rhône et le lac,
Tout cet hier sur lequel aujourd'hui je me penche ?
Aussi perdu il sera que Carthage
Qu'avec du feu et du sel effaça le Latin.

Je crois dans l'aube entendre une rumeur
Affairée[1] de foules qui s'éloignent ;
Elles sont ce qui m'a aimé et oublié ;
Espace et temps et Borges déjà me quittent.

(Limites.)

Déjà sous l'horizon le croissant de la lune
S'abîme. Lent dans l'aube, un homme rude et clair
Pose un pied cauteleux, encor mouillé de mer,
Sur l'arène minutieuse de la dune.

Sur la noire colline il voit de sombres fleurs,
Et par-delà le golfe gris, la pâle terre.
C'est la pointe du jour, c'est l'heure élémentaire
Où Dieu n'a pas encore inventé les couleurs.
. . .

Il regardait, fils des bourbiers insidieux,
Cette terre rongée au sel des lourdes ondes ;
Sur lui, comme les jours et leurs voûtes profondes,
S'éployait le Destin qui protégeait ses dieux :

Woden, Thunor, espoir des cruels et des braves,
Idoles qu'il ornait de chiffons et de clous
Et dont l'autel grossier souriait au sang doux
Des chevaux et des chiens, des oiseaux, des esclaves.

Déjà s'était enfoncée la lune incurvée ;
Lent dans l'aube l'homme blond et rude

1. Borges antépose le participe. Le mot à mot, le vers à vers comman-
dent de respecter certaines inversions, mais en deçà d'un galimatias trop
choquant et qu'on serait en droit de supposer tendancieux.

Foula avec un cauteleux pied nu
Le sable minutieux de la dune.

Par-delà la pâle baie
De blanches terres il regarda et de noires collines
À cette heure élémentaire du jour
Où Dieu n'a pas créé les couleurs.

. . .

D'une terre de bourbiers il venait
À celle-ci que rongent les lourdes mers ;
Sur lui se voûtait comme le jour
Le Destin, et aussi sur ses lares,

Woden ou Thunor, qu'avec une grossière main
Il orna de chiffons et de clous
Et dans l'autel de qui il sacrifia inhumain
Des chevaux, des chiens, des oiseaux et des esclaves.

(Un Saxon.)

Moi qui tremblais devant les miroirs — qui tremblais
Et qui tremble, et non pas devant la seule glace
Abyssale où finit et commence un espace
Inhabitable, un faux univers de reflets,

Mais encor devant l'eau, devant l'écho lucide
Qui d'un ciel plus profond imite l'autre ciel,
Reflet soudain rayé par le vol irréel
D'une hirondelle inverse ou que brouille une ride ;

Moi qu'inquiète jusqu'au meuble aux flancs polis,
Jusqu'au fil de l'ébène et ce subtil silence
Où parfois glisse comme un rêve et se balance
Une vague blancheur de marbres ou de lis...

Moi qui sentis l'horreur des miroirs
Non seulement devant le cristal impénétrable

Où finit et commence, inhabitable,
Un impossible espace de reflets

Mais devant l'eau spéculaire qui imite
L'autre bleu dans son ciel profond
Que parfois raie l'illusoire vol
De l'oiseau inverse ou qu'un tremblement agite

Et devant la surface silencieuse
De l'ébène subtil dont le poli
Répète comme un rêve la blancheur
D'un vague marbre ou d'une vague rose...

(Les Miroirs.)

Comme porté lui-même aux ailes du coursier
Et survolant joyeux les peuples de la terre,
Arioste partout voyait fleurir la guerre
Et les fêtes du jeune amour aventurier.

Comme du haut du coursier du magicien,
Arioste vit les royaumes de la terre
Sillonnés par les fêtes de la guerre
Et du jeune amour aventurier.

(Arioste et les Arabes.)

Qu'on me laisse sans crainte au bord des fleurs obscures :
Il est des nuits que je déchiffrerai toujours.
C'est ici le vieux parc aux tendres impostures ;
C'est ici votre fief, nostalgiques amours,

Et le vôtre, loisirs dans le jour qui décline.
Sans fin va s'éprouvant le trille de l'oiseau
Secret ; voici la pagode et le cercle d'eau,
Le marbre aventureux, l'improbable ruine.

Que personne dans la nuit indéchiffrable ne craigne
Que je m'égare parmi les noires fleurs

Du parc, où tissent leur système
Propice aux nostalgiques amours

Ou aux loisirs des soirs, le secret
Oiseau qui toujours accorde[1] le même chant,
L'eau circulaire et la gloriette,
La vague statue et la douteuse ruine.

(Adrogué.)

Rien ne peut entraver cette fuite inlassable.
C'est moi qui saigne, non le cristal traversé.
Par un rite éternel le sable déplacé
Se consume ; et mes jours s'en vont avec le sable.

Ne s'arrête jamais la chute.
C'est moi qui saigne à blanc, non le cristal. Le rite
De décanter le sable est infini
Et avec le sable s'en va de nous la vie.

(Le Sablier.)

Voici à présent, pour finir, et dans sa totalité, le sonnet
libre *Une rose et Milton.*

Sans rien qui la distingue ou l'étrange des choses
Qui furent, se consume au fond du temps pâli
Une rose. Je veux la tirer de l'oubli.
Retrouvez cette rose, ô familles des roses.
Donnez-la-moi ; le sort me dispense ce soir
Le privilège de nommer pour la première
Fois cette fleur silencieuse, la dernière
Que rapprocha de son visage, sans la voir,
Milton. Qui que tu sois, rouge, jaune peut-être
Ou blanche rose au cœur d'un jardin effacé,
Je demande qu'un charme écarte ton passé
Et te fasse éclatante en mes vers apparaître

1. Au sens musical du mot.

Avec tes ors, tes ivoires et tes carmins,
Ou ta ténèbre — ô ténébreuse entre ses mains.

Parmi les générations de roses
Qui dans le fond du temps se sont perdues
Je voudrais qu'il y en ait une pour échapper à l'oubli,
Une sans marque ou signe parmi les choses
Qui furent. Le destin m'accorde
Ce don de nommer pour la première fois
Cette fleur silencieuse, la dernière
Rose que Milton approcha de son visage,
Sans la voir. Ô toi, vermeille ou jaune
Ou blanche rose d'un jardin effacé,
Abandonne magiquement ton passé
Immémorial et dans ce vers brille,
Or, sang ou ivoire ou ténébreuse
Comme dans ses mains, invisible rose.

Ces confrontations ont-elles suscité la confiance du lec-
teur, ou sa réticence ? Qu'il sache du moins que le traduc-
teur ne misait guère sur elles pour plaider sa cause. Elles
s'imposaient ; puissent-elles être, si le lecteur va plus
avant, insensiblement oubliées. Pour l'instant, les alexan-
drins exposés ne sauraient compter sur leur musique
même, à supposer qu'ils s'en reconnaissent parfois ; ce
peu de musique, loin d'être mise en valeur par le pro-
saïsme forcé du mot à mot symétrique, risque d'en être
sourdement ruinée. La déposition lui manque du témoin
essentiel : la musique originale.

Ce qui est vérifiable et mesurable nous condamne aisé-
ment. Et d'abord, la plus grande brièveté du modèle. Le
lecteur n'aura pas manqué de relever dans le texte fran-
çais (peut-être avant toute chose) des mots, des traits de
notre cru. Il est certain que longtemps inusuelle, pareille
conduite est spécifiquement opposée à l'esprit actuel de la
traduction française, qui ferait bon marché de dix épithè-
tes plutôt que d'en ajouter une seule, où l'infidélité par
excès est quasi impensable, alors que l'infidélité par dé-

faut ne craint pas de s'ériger en système et de faire la leçon à l'auteur original[1]. Mais il est des poètes, et s'il n'en restait qu'un ce serait bien Borges, où il faut prendre garde à ce qu'on enlève : à trop lui ménager ses fleurs, c'est à perdre sa fleur qu'on s'expose.

Rappelons ici (à peine pour l'apologie, car l'humilité de l'argument touche à l'indécence) qu'à supposer une égale longueur des deux langues, douze pieds disent plus de choses que dix. Un certain *remplissage* – ayons le courage, ou la vaine ruse, de prononcer le mot – devenait çà et là inévitable ; car les rejets, surjets et autres brisures qui auraient pu faire espérer la parité entre quatre ou cinq alexandrins et cinq ou six décasyllabes étaient sans emploi dans une poétique comme celle de Borges, si moulée et si ponctuée. Encore le remplissage a-t-il plusieurs modes. Nous avons choisi celui qui s'éloigne le plus du délayage ; c'est par Borges que nous avons suppléé à Borges. Mais, chose étrange autant que prévisible, ce sont nos plus *véritables imitations* (Rousseau) qui risquent de nous être surtout reprochées. Prenons cette strophe d'*Arioste et les Arabes* :

> *Le dur Saxon par l'ost et l'idole brutale*
> *Force le sol celtique, et du long choc obscur*
> *Si l'histoire est perdue, un songe reste : Arthur,*
> *Et ses preux entourant la table impartiale.*

Cette table *impartiable* n'est pas dans l'original, et il se trouvera certainement des lecteurs pour la condamner : pour la condamner moins du chef qu'elle n'y est pas, que du chef qu'elle pourrait y être ; des lecteurs qui, prêts à glisser sur des chevilles fades et penaudes, trouveront

---

1. Cet auteur fût-il Virgile. Valéry, on le sait, a perpétué et patronné dans ses *Bucoliques* cette désolante aberration qui espère faire tenir un hexamètre latin dans un alexandrin français. *Chacun sa passion* traduit sobrement (et, d'un certain biais, suffisamment) *trahit sua quemque voluptas* ; mais qui ne voit que l'incommensurabilité est totale, que jamais *chacun sa passion* n'eût traversé ni ne traversera les siècles ?

inacceptable une contrefaçon dont la vraisemblance même mesurera le dol. Que répondre à ces lecteurs, sinon qu'on se permet d'en souhaiter d'autres ? Mais ce serait là empirer à plaisir son marché : les béquets véritablement scandaleux sont rares. Plus rare encore leur totale *originalité* : ils ont été le plus souvent puisés dans des passages concomitants de l'œuvre de l'auteur, en vers ou en prose, écrite ou parlée. Plutôt que trouvailles, si jamais le mot venait sur des lèvres favorables, retrouvailles.

Un reproche plus fort sinon plus juste peut nous être fait. La poétique originale coule de source ; la nôtre, moins. Mais observons que toute poésie européenne est moins savante que la française et que la moins savante de toutes est sans doute l'hispanique (avec l'italienne peut-être). En Espagne, la versification elle-même – qui rimerait impunément *aimer* et *chanter* – exprime et commente cette liberté native, cet irrévocable abandon où toute noblesse, toute grandeur peuvent tenir, et jusqu'à une certaine forme de rigueur ; où, Borges le montre plus que quiconque, une harmonie séculaire peut s'ouvrir sans rupture aux fleurs les plus aiguës, les plus obliques. L'unité se fait toute seule : preuve du mouvement par la marche que pourrait discuter le lecteur français. Il nous a semblé qu'en français un certain apprêt, une plénitude plus sourcilleuse, un léger surcroît habituel d'intention et même de contention prépareraient mieux, feraient mieux entendre les accents les plus rares et les plus indispensables de cette voix.

*

Il n'a été jusqu'ici question, presque exclusivement, que de *L'Autre, le Même*. Mais ce recueil est précédé de *Lune d'en face* et de *Cuaderno San Martín*, sur la traduction de quoi nous devons aussi nous expliquer.

Quelque étrange que cela puisse sembler, la version de ces textes, la plupart du temps vers-libristes, nous a posé des problèmes plus difficiles, et surtout plus gênants et plus ingrats que ceux des strophes ou ceux des sonnets ou quasi-sonnets de *L'Autre, le Même.* Un parti est particulièrement malaisé à prendre lorsque l'original n'en prend pas ; de plus, c'est ici que la différence des langages espagnol et français apparaît le plus. La prosodie elle-même, où des lignes sans mesure voisinent avec des vers mesurés, quoique sans rime, faisait à elle seule question ; nous avons choisi de respecter ces vers isolés, mais non sans nous demander si une pratique aussi inusuelle (inusuelle d'ailleurs dans nombre de langues) ne prenait pas en français une importance démesurée et par là infidèle. Un autre écueil était les brusques passages de style, de ton, d'une ligne à l'autre. Enfin, même après les corrections introduites par l'auteur en 1969 à ses premiers recueils, il reste quelque peu d'« ultraïsme » dans *Lune d'en face* et jusque dans *Cuaderno San Martín.* Par « ultraïsme » nous entendons ici non seulement une révérence quasi forcenée pour la valeur intrinsèque des métaphores, mais la coutume de leur permettre sinon de leur imposer le prosaïsme de la forme. Ici cette conviction ou cette hypothèse nous a guidé, que les premiers recueils de Borges, malgré d'étonnantes réussites (*Cette nuit-là on veillait quelqu'un dans le Sud...*) et un accent déjà tout personnel, malgré nombre de fulgurantes et mémorables images, relèvent souvent davantage de l'histoire littéraire que de la littérature. Nous avons supposé, nous avons espéré un lecteur français plus poète que scrutateur, plus disponible qu'intransigeant ; un lecteur, en tout cas, chez qui un reste de curiosité pour ces relents d'ultraïsme serait vite et facilement rassasié par quelques échantillons parfois involontaires. Bref, nous avons pensé qu'un texte çà et là moins signé et moins daté serait mieux accueilli. Nous avons gardé la coupe aphoristique, certaine impatience de faire mouche à tout coup, certaines abusives frugalités dans la syntaxe et, devenus rares il est vrai depuis les corrections de 1969, jusqu'à quelques-uns de ces efforts d'inharmonie si curieusement traversés de tendresses chantantes ; mais nous ne pouvions perdre de vue que nous passions d'une langue à une autre, d'une culture à une autre, et nous gardions notre souci d'une fidélité avant tout esthétique. D'où notre embarras devant nombre de cas d'espèce, et notre difficile résignation à leur appliquer aussi des solutions d'espèce, sinon de fortune.

*

Cuaderno est de 1929. De 1930 à 1955, Borges n'écrit pas dix poèmes. Puis c'est *L'Autre, le Même.* Que le lecteur français veuille bien attendre jusque-là le traducteur. C'est là qu'enfin s'ordonne et respire la poésie de Borges, qu'elle approche le plus cet achèvement qui brise les limites. C'est là que le traducteur, imprégné d'un texte à quoi il veut répondre et dont il doit répondre, et gagné d'une difficile joie à l'opposé même de l'outrecuidance, a pu se sentir libéré de la vigilance successive, de toute alarme ingénue, de tout scrupule frivole, et ne plus se donner qu'à l'attente préparée d'une pure contagion. La chance de ce travail, ce serait que l'amour fût un meilleur outil que le respect.

> *I do not set up to be a poet. Only an all-round literary man : a man who talks, not one who sings... Excuse this apology ; but I don't like to come before people who have a note of song, and let if be supposed I do not know the difference.*
>
> The letters of Robert
> Louis Stevenson, II, 77
> (Londres, 1899).

Comparer avec cette réponse de Borges à Madeleine Chapsal (*L'Express*, 21 février 1963) qui lui demandait s'il se considérait comme un prosateur ou comme un poète : « Comme un poète, naturellement ! Comme un poète maladroit, mais comme un poète. »

Lune d'en face[1]

1925

1. Titre original : *Luna de enfrente.* – En 1969, l'auteur a apporté à son texte des corrections (permutations, remplacements, suppressions surtout) dont nous avons tenu compte.

Il a également fait précéder son recueil d'une dédicace et d'une note que nous traduisons ci-après.

Trois poèmes ont été entièrement exclus par l'auteur en 1969. Nous avons cependant cru bien faire en maintenant *A Rafael Cansinos Assens,* vu l'incontestable beauté du texte et sa notoriété.

À LEONOR ACEVEDO DE BORGES

*Je veux écrire ici une confession qui soit à la fois intime
et générale, puisque ce qui arrive à un homme arrive à
tous. Je parle de quelque chose de déjà lointain et perdu,
les jours de ma fête, les plus anciens. Je recevais les
cadeaux en sentant que je n'étais qu'un enfant et que je
n'avais rien fait, absolument rien, pour les mériter. Bien
entendu, je n'ai rien dit ; l'enfance est timide. Depuis lors
tu m'as donné tant de choses, et si nombreux sont les ans
et les souvenirs. Père, Norah, les grands-parents, ta mé-
moire et en elle la mémoire de tes aînés — les patios, les
esclaves, le porteur d'eau, la charge des hussards du Pérou
et l'opprobre de Rosas ; ta valeureuse prison, alors que tel-
lement d'entre nous, les hommes, nous nous taisions, les
matins du Passage du Moulin, de Genève et d'Austin, les
clartés et les ombres partagées, ta fraîche vieillesse, ton
amour pour Dickens et pour Eça de Queiróz, Mère, toi-
même.*

Nous voici tous les deux en train de parler, et tout le
reste est littérature, *comme l'écrivait, en un vers d'excel-
lente littérature, Verlaine.*

J.L.B.
Buenos Aires, le 7 octobre 1969.

Vers 1905, Hermann Bahr décida : Le seul devoir, être moderne. *Quelque vingt ans plus tard, je m'imposai aussi cette obligation tout à fait superflue. Etre moderne c'est être contemporain, actuel ; nous le sommes fatalement tous. Personne — hormis certain aventurier rêvé par Wells — n'a découvert l'art de vivre dans le futur ou dans le passé. Il n'y a pas d'œuvre qui ne soit son époque ; le scrupuleux roman historique* Salammbô, *dont les héros sont les mercenaires des guerres puniques, est un typique roman français du XIXe siècle. La seule chose que nous sachions sur la littérature de Carthage, qui fut vraisemblablement riche, c'est qu'elle ne pouvait inclure un livre comme celui de Flaubert.*

Oublieux de ce que j'étais déjà, je voulus aussi être argentin. Je décidai l'acquisition risquée d'un ou de deux dictionnaires d'argentinismes, qui me fournirent des mots que je puis à peine déchiffrer aujourd'hui : madrejón, espadaña, estaca pampa[1]...

La ville de Fervor de Buenos Aires[2] *garde toujours son intimité ; celle de* Lune d'en face *et de* Cuaderno San Mar-

---

1. Il peut être significatif d'observer que, malgré les modifications introduites en 1969 à *Lune d'en face,* ces mots, obscurs à l'auteur même, ont été maintenus.

2. Recueil de 1923, et donc antérieur de deux ans à *Lune d'en face,* par quoi s'ouvre le présent volume.

tín *a quelque chose d'ostentatoire et de public. Je ne veux pas être injuste envers ces deux derniers recueils. Certains textes* — Fondation mythique de Buenos Aires, Le Général Quiroga s'en va-t-en berline à la mort – *ont peut-être toute la voyante beauté d'une décalcomanie ; d'autres* — Cette nuit-là on veillait quelqu'un dans le Sud – *ne déshonorent pas, je me permets de l'affirmer, celui qui les composa. Le fait est que je les sens étrangers ; je ne suis pas concerné par leurs erreurs ni par leurs éventuelles vertus.*

J'ai peu modifié ces deux ouvrages. Ils ne sont plus à moi.

J.L.B.
Buenos Aires, le 25 août 1969.

CARREFOUR ROSE

Déjà la nuit ne retient plus ses yeux ; ils plongent à cha-
    que carrefour,
sécheresse flairant une prochaine pluie.
Déjà tous les chemins approchent,
même le chemin du miracle.
Le vent apporte l'aube engourdie.
L'aube est notre peur de faire des choses différentes et elle
    s'abat sur nous.
J'ai marché toute la sainte nuit
et l'inquiétude me laisse
dans cette rue comme les autres.
Voici encore au vague horizon
a certitude de la pampa,
le terrain vague se défaisant en touffes d'herbe et en fils de
    fer,
et l'*almacén*[1] clair comme la lune nouvelle d'hier soir.
Le carrefour est familier comme un souvenir
avec ses longs soubassements et la promesse d'un patio.
Qu'il fait bon t'attester, rue de toujours, puisque ma vie a
    regardé si peu de choses !
Déjà l'air est rayé de lumière.
Mes années ont parcouru les chemins de la terre et de
    l'eau

1. L'almacén (mot que nous retrouverons fréquemment dans ce recueil)
tient du bazar et de l'épicerie-buvette ; c'est un établissement des plus
modestes. Sa façade est, ou était, souvent peinte en rouge ou en rose.

Et mon cœur ne sent que toi, rue dure et rose.
Je doute si tes murs n'ont pas conçu l'aurore,
almacén brûlant clair vers le bout de la nuit.
Je pense, et devant ces maisons
ma pauvreté trouve une voix pour s'avouer :
montagnes, fleuves, mers, je n'ai rien regardé,
mais la lumière de ma ville est mon amie,
et ma vie et ma mort en ont forgé leurs vers.
Ô grande rue, et rude sous l'épreuve,
voilà bien le seul chant que connaisse ma vie.

À L'HORIZON D'UNE BANLIEUE

Pampa,
Je ressens ton ampleur qui creuse les faubourgs,
et mon sang coule à tes couchants.

Pampa,
Comme cette voix d'eau qui s'élève des plages,
ainsi de ton silence il vient un grand silence
qui déroute mon cœur à chaque carrefour.

Pampa,
Je t'entends aux tenaces guitares sentencieuses,
et dans tes hauts oiseaux et dans la plainte lasse
des charrettes de foin qui viennent de l'été.

Pampa,
Il me suffit de voir un patio rouge
pour te sentir à moi.

Pampa,
Je sais que te déchirent
des sillons, des chemins creux, l'aiguillon du vent.
Mâle et rude pampa dont la place est au ciel,
peut-être es-tu la mort. Mais tu bats dans mon cœur.

LES PLAINES

La plaine est une douleur très pauvre qui persiste.
La plaine est une stérile copie de l'âme.
Qu'elles sont fatiguées d'être encore là, ces campagnes !
Cette absence douloureuse et incendiée est toute la
    Rioja.
C'est sur cette plaine que leva son empire de lances Juan
    Facundo Quiroga[1].
Empire forcené, empire misérable.
Empire dont les vifs tambours furent les sabots roulant
    sur les villes humiliées,
et dont les furieuses bannières furent les corbeaux qui
    s'abattent après la mort de la bataille,
empire du couteau s'acharnant sur la gorge qui espérait et
    qui tremble,
empire dont les seuls palais furent les flammes déchirées
    et avides.
Empire errant. Empire pitoyable.
Cette vie informe se cabra sur les plaines
et vécut de longues intensités : l'attente des durs com-
    bats,
l'assaut nombreux sous les profonds bambous
et la licence attestant les victoires

---

1. Aventurier argentin (La Rioja, 1790 ? – Barranca Yaco, 1835). Il
domina et terrorisa les provinces centrales, mais finit par éveiller la jalou-
sie de Rosas qui le fit assassiner. Voir plus loin le poème *Le Général Qui-
roga s'en va-t-en berline à la mort.*

et l'union de l'homme et la femme,
anxieuse étoile plurielle.
Tout cela se perdit comme se perd le tumulte d'un cou-
chant.
Tristesse que le souvenir enferme toute chose.
Plus grande tristesse si le souvenir est honteux.

ANTICIPATION D'AMOUR

Ni l'intimité de ton front clair comme une fête
ni la privauté de ton corps, encore mystérieux et muet,
    encore d'enfant,
ni tes paroles ou tes silences, étapes au chemin de ta vie,
ne me seront aussi mystérieuse faveur
que de regarder ton sommeil impliqué
dans la veille de mes bras.
Miraculeusement vierge à nouveau par la vertu absolu-
    toire du sommeil,
paisible et resplendissante comme un bonheur que choisit
    la mémoire,
tu me donneras cette frange de ta vie que tu n'atteins pas
    toi-même.
Précipité en quiétude
j'apercevrai cette dernière plage de ton être
et je te verrai peut-être pour la première fois
comme Dieu doit te voir,
une fois la fiction du Temps mise en déroute,
sans l'amour, sans moi.

UN ADIEU

Soir que creusa notre adieu.
Soir acéré, délectable et monstrueux comme un ange de
    l'ombre.
Soir où nos lèvres vécurent dans l'intimité triste et nue
    des baisers.
L'inévitable temps débordait
la digue inutile de l'étreinte.
Nous prodiguions une mutuelle passion, moins peut-être
    à nous-mêmes qu'à la solitude déjà prochaine.
La lumière nous emporta : la nuit s'était brusquement
    abattue sur nous.
Nous allâmes jusqu'à la grille dans cette dure gravité de
    l'ombre qu'allège déjà l'étoile du berger.
Comme on revient d'une prairie perdue, je revins de ton
    étreinte.
Comme on sort d'un pays d'épées, je revins de tes lar-
    mes.
Soir qui se dresse vivant comme un rêve
parmi les autres soirs.
Plus tard je devais atteindre et déborder les nuits et les
    mers.

LE GÉNÉRAL QUIROGA
S'EN VA-T-EN BERLINE
À LA MORT[1]

L'étang tout nu que la soif même a déserté,
une lune perdue en l'aurore glacée,
la plaine maigre, plus pauvre qu'une araignée.

Toute cahotante et grinçante de hauteur,
la berline allait, grasse, emphatique, funèbre.
Quatre chevaux disant la mort par leur noirceur
emmenaient six poltrons, mais un brave qui veille.

Un mulâtre trottait le long des postillons.
Ça fait crâne, d'aller en voiture à la mort.
Facundo Quiroga voulut entrer dans l'ombre
avec un peloton d'égorgés pour escorte.

Mais qu'ai-je à craindre ? Tapageuses vantardises,
complots de paysans ? pensait le général.
Me voici bien assis, bien fiché dans la vie
comme un pieu des pampas dans le sol des pampas.

Après vingt mille nuits, sera-ce la dernière ?
On voit à mon seul nom les lances frissonner.
Vais-je quitter la vie en roulant sur des pierres ?
Le grand vent des pampas meurt-il ? Ou les épées ?

1. Cf. *Les Plaines*, p. 36.

Mais quand le jour brilla sur Barranca Yaco
la portière sauta sous d'infaillibles sabres
L'habituelle mort vous emporta notre homme :
les poignards lui donnaient le bonjour de Rosas.

Mort, mais debout, mort mais sans mort, mort mais
    légende,
il parvint à l'enfer que Dieu lui désigna ;
des hommes, des chevaux suivaient, loques exsangues,
spectres aux ordres du spectre de Quiroga.

JACTANCE DE QUIÉTUDE

Des écritures lumineuses assaillent l'ombre, plus prodigieuses que des météores.
La haute ville inconnaissable s'abat de plus en plus dru sur la campagne.
Sûr de ma vie et de ma mort, je regarde les ambitieux et je voudrais les comprendre.
Leur journée est avide comme le vol d'un lasso.
Leur nuit n'est que la trêve de la colère dans le fer prompt à l'attaque.
Ils parlent d'humanité.
Mon humanité, c'est de sentir que nous sommes les voix d'une même misère.
Ils parlent de patrie.
Ma patrie est un battement de guitare, quelques portraits et une vieille épée,
l'évidente oraison de la saulaie dans les soirs.
Le temps est la matière de ma vie.
Plus silencieux que mon ombre, je croise le troupeau de leur haute convoitise.
Ils sont obligatoires, uniques, ils méritent l'avenir.
Mon nom est quelqu'un et n'importe qui.
Je passe lentement, comme celui qui vient de si loin qu'il n'espère plus arriver.

MONTEVIDEO

Je glisse sur ton soir comme la fatigue sur la grâce d'une
  pente.
La nuit neuve est comme une aile sur tes terrasses.
Tu es le Buenos Aires qui nous fut jadis donné, celui que
  les années paisiblement éloignèrent.
Tu es à nous et tu as un air de fête, comme cette étoile que
  répètent les eaux.
Portes d'un temps faussé, tes rues donnent sur un passé
  moins lourd.
Lueur d'où nous arrive le matin, sur les douces eaux trou-
  bles.
Avant d'éclairer ma persienne, ton jeune soleil favorise
  tes jardins.
Ville que l'on entend comme un vers.
Rues avec une lumière de patio.

À RAFAEL CANSINOS ASSENS[1]

Longue marche finale sur l'envol exalté du viaduc.
Le vent, à nos pieds, cherche des voilures
sous l'intense battement des étoiles.
Nous voici, le goût de la nuit profondément savouré,
    transpercés d'ombre, la nuit déjà devenue une habitude
    de notre chair.
Dernière nuit de notre dialogue,
avant que nous séparent les lieues et les lieues.
Il est encore à nous, le silence
où les voix resplendissent comme des prairies.
L'aube est encore un oiseau perdu
au fond le plus vil de l'univers.
Dernière nuit préservée
du grand vent d'absence.
Elle est tragique, l'entraille de l'adieu,
comme de tout événement où le Temps est notoire.
Il est dur de sentir que demain
nous n'aurons même pas en commun les étoiles.
Lorsque le soir sera la paix de mon patio,
de tes cahiers surgira le matin.
Ton hiver sera l'ombre de mon été ;
ta lumière sera la gloire de mon ombre.
Nous restons encore ensemble.
Les deux voix encore parviennent à s'accorder,
comme l'intensité et la tendresse dans les couchers de
    soleil.

1. Ecrivain espagnol. – Cf. note p. 27.

MANUSCRIT TROUVÉ
DANS UN LIVRE
DE JOSEPH CONRAD

D'une blancheur jouant l'invisibilité,
La lumière est rayon cruel sous la persienne,
Flamboiement sur la plage et fièvre sur la plaine.
Du frémissant pays va s'exhalant l'été.

Mais les antiques nuits sont de profondes jarres
D'eau concave. Le flot s'ouvre à tous les chemins ;
Et dans d'oisifs canots, face aux astres lointains,
L'homme compte un temps vague aux cendres des ciga-
    res.

La fumée a brouillé les constellations,
La mémoire, les mots. Le monde apparaît comme
Un croisement de tendres imprécisions ;
Et c'est le premier fleuve et c'est le premier homme.

MARINE

La mer est une épée innombrable et une plénitude de pauvreté.

La flamme peut traduire la colère, la source la fugacité, la citerne une claire acceptation.

La mer est solitaire comme un aveugle.

La mer est un ancien langage que je ne parviens pas à déchiffrer.

Dans la profondeur de l'horizon, l'aube est un humble muret peint à la chaux.

De ses confins la clarté monte, semblable à une fumée.

Impénétrable, comme faite en pierre taillée,

persiste la mer face aux jours agiles.

Chaque soir est un port.

Flagellé de mer, notre regard remonte vers son ciel,

dernière et molle plage, céleste argile des soirs.

Douce intimité du couchant sur la mer farouche !

Clairs comme une fête brillent les nuages.

La lune nouvelle s'est enroulée à un mât,

la même lune que nous avons laissée sous un arc de pierre et dont la lumière doit verser sa grâce sur les saulaies.

Sur le pont, paisiblement, je partage le soir avec ma sœur comme un morceau de pain.

DAKAR

Dakar est au carrefour du soleil, du désert et de la mer.

Le soleil nous bouche le firmament, le sable aggrave les chemins comme un fauve à l'affût, la mer n'est que rancœur opiniâtre.

Au manteau de ce chef, le bleu était plus ardent qu'au ciel incendié.

La mosquée près du cinéma[1] arbore une calme clarté de prière.

La lumière éblouie éloigne les chaumières, le soleil escalade les murs comme un voleur.

Le destin de l'Afrique s'inscrit dans l'éternel avec des exploits, des idoles, des royaumes, des forêts ardues et des épées.

Moi, j'ai obtenu un soir et un village.

---

1. *Biógrafo.* Ce terme de « biographe » désigna en Argentine les salles de cinéma jusque vers 1940 environ. (Les amateurs de films érotiques allaient au « pornographe ».)

LA PROMISSION EN HAUTE MER

Je n'ai pas recouvré ton approche, ma patrie, mais j'ai
déjà tes étoiles.
Le fond du firmament les a annoncées et maintenant les
mâts s'égarent dans leur grâce.
Elles se sont détachées des hautes corniches comme un
émerveillement de colombes.
Elles viennent du patio où la citerne est une tour inverse
entre deux ciels.
Elles viennent du jardin grandissant dont l'inquiétude
déferle au pied du mur comme une eau sombre.
Elles viennent d'un flottant après-midi de province,
calme comme une lande.
Elles sont immortelles et véhémentes ; aucun peuple ne
doit mesurer leur éternité.
Devant leur ferme lumière toutes les nuits des hommes
s'abattront comme des feuilles sèches.
Elles sont un clair pays qui en quelque façon comprend le
mien.

DULCIA LINQUIMUS ARVA

Mes ancêtres se lièrent d'amitié
avec ces horizons
et conquirent l'intimité de la pampa
et annexèrent à leur pratique
la terre, le feu, l'air, l'eau.
Ils furent soldats et fermiers ;
leur cœur avait les matins pour pâture,
et l'horizon comme un bourdon de guitare
sonna au cœur de leur austère journée.
Leur journée était claire comme une rivière ;
fraîche était leur soirée comme l'eau
cachée de la citerne,
et les quatre saisons tout au long de leur vie
furent les quatre vers d'une vieille copla.
Leurs convois de charrettes ou de chevaux
déchiffrèrent de lointaines fumées
et la lueur les réjouit
dont le veilleur anime le réverbère.
L'un lutta contre les Espagnols
et l'autre au Paraguay fatigua son épée ;
tous ils connurent l'étreinte du monde
et le combat fut une femme docile à leur amour.
Hautes étaient leurs journées
faites de ciel et de plaine.
Sage science de terroir que la leur,
celle du cavalier ferme sur sa monture,

qui régit les hommes de la plaine
et les travaux et les jours
et les générations des taureaux.
Je suis un citadin et j'ai oublié ces choses,
je suis homme de ville, de quartier, de rue ;
et les tramways lointains aident à ma tristesse
avec ces longues voix qu'ils lâchent dans les soirs.

QUASI-JUGEMENT DERNIER

Mon farniente citadin vit et se laisse vivre sous la variété
de la nuit.
La nuit est une longue fête solitaire.
Dans le secret de mon cœur je me justifie et m'exalte :
J'ai attesté le monde : j'ai confessé l'étrangeté du monde.
J'ai chanté l'éternel : le retour de la claire lune et les joues
appétissantes à l'amour.
J'ai commémoré par des vers la ville qui m'entoure et les
banlieues qui se déchirent.
J'ai lâché mes psaumes vers l'horizon des rues, et ils en
rapportent le goût du lointain.
J'ai dit l'étonnement là où d'autres disent seulement l'ha-
bitude.
Face à la chanson des tièdes, j'ai allumé ma voix aux cou-
chants.
J'ai exalté et chanté les ancêtres de mon sang et les ancê-
tres de mes rêves.
J'ai été, je suis.
J'ai noué en fortes paroles mon sentiment
qui aurait pu se dissiper en tendresse.
Le souvenir d'une ancienne bassesse revient à mon
cœur.
Comme le cheval mort que la marée inflige à la plage, il
revient à mon cœur.
Pourtant restent toujours à mes côtés les rues et la lune.
L'eau continue à être douce à ma bouche et les strophes
ne me refusent pas leur grâce.
Je sens l'effroi de la beauté ; qui osera me condamner si
cette grande lune de ma solitude me pardonne ?

MA VIE ENTIÈRE

Me voici encore, les lèvres mémorables, unique et sem-
blable à vous.
J'ai persévéré dans l'à-peu-près du bonheur et dans l'inti-
mité de la peine.
J'ai traversé la mer.
J'ai connu bien des pays ; j'ai vu une femme et deux ou
trois hommes.
J'ai aimé une enfant altière et blanche et d'une hispanique
quiétude.
J'ai vu d'infinies banlieues où s'accomplit sans s'assouvir
une immortalité de couchants.
J'ai goûté à de nombreux mots.
Je crois profondément que c'est tout et que je ne verrai ni
ne ferai de nouvelles choses.
Je crois que mes journées et mes nuits
égalent en pauvreté comme en richesse celles de Dieu et
celles de tous les hommes.

DERNIER SOLEIL
À VILLA ORTÚZAR[1]

Soir pour quelque Jugement dernier.

La rue est une blessure ouverte dans le ciel.

Etait-ce un Ange ou le couchant, cette clarté qui brûlait
aux profondeurs ?

Obstinée, la distance me charge comme un cauchemar.

Un barbelé tourmente l'horizon.

Le monde paraît inutilisable et rejeté.

Au ciel il fait encore jour, mais la traîtrise de la nuit enva-
hit les fossés.

Tout ce qui reste de lumière est dans les petits murs bleus
et dans ce vacarme de fillettes.

Je ne sais plus si c'est un arbre ou un dieu, cette forme qui
apparaît à la grille rouillée.

Combien de pays à la fois : la campagne, le ciel, la ban-
lieue.

Par les rues, par le fil du couchant, j'ai connu la richesse
aujourd'hui, et par le soir devenu stupeur.

De retour, je me restituerai à ma pauvreté.

1. Quartier de Buenos Aires.

POUR UNE RUE DE L'OUEST

Je sais que tu m'accorderas l'immortalité, rue agreste.
Tu es déjà l'ombre de ma vie.
Tu traverses mes nuits avec ta sûre rectitude d'estocade.
Tes étoiles sourient à ma marche vagabonde, peine après
    peine.
La mort, sombre et immobile orage, dispersera mes heu-
    res.
Quelqu'un recueillera mes pas, usurpera ma dévotion et
    cette étoile.
(La distance comme un grand vent va flageller sa route.)
Eclairé de noble solitude, il mettra dans ton ciel une
    même peine désireuse.
Il y mettra cette même peine désireuse que je suis.
Moi-même je ressusciterai dans son futur étonnement de
    vivre.
Et à nouveau je serai en toi,
Rue qui t'ouvres douloureusement comme une blessure.

ALEXANDRINS[1]

Vers ma ville aux patios creux comme des amphores
où la rue est un vol qui perce l'horizon
et vers mes carrefours que le soir auréole
et vers mes faubourgs bleus pétris de firmament

Vers cette ville comme un champ ouverte et claire
je revins des pays anciens du levant,
j'ai revu ses maisons, recouvré leur lumière
comme celle de l'*almacén*, pauvre et pressante.

Ses faubourgs m'ont offert une attente d'amour,
ses couchants à mon cœur prirent un sang de psaumes ;
j'ai chanté cette gloire avec son goût morose,
j'ai vu dans les patios un bout de pampa rouge.

Et j'ai dit, norias des fêtes, les manèges,
et le mur que lézarde un feuillage d'été,
les couteaux où la mort silencieuse guette,
et l'air du soir qui fleure bon le vieux maté[2].

1. Versos *de catorce*. Les Espagnols – et les Italiens – comptent quatorze syllabes à l'alexandrin (7 + 7) comme ils appellent hendécasyllabe le vers de Dante, de Góngora, de Shakespeare et du *Cimetière marin*.
2. Le maté n'est pas ici la boisson, mais son récipient traditionnel, une coloquinte évidée et patiemment culottée.

J'ai senti force et sang au mot *las orillas*[1],
ce mot par quoi la terre à l'eau prend son audace,
qui donne une aventure immense aux faubourgs las,
et sur de vagues champs fait passer l'air des plages.

Je vais ainsi, mon Dieu, vous rendant quelques sous
du trésor infini que j'ai reçu de vous.

1. « Bords », dans beaucoup de sens du mot français ; plus particulière-
ment, « rivage ». Le quatrain explique assez l'acception « proche ban-
lieue » particulière à Buenos Aires, mais où le Río de la Plata n'est pour
rien.

Cuaderno San Martín[1]

1929

1. Marque de cahiers scolaires *(cuaderno* = cahier) très répandue en
Argentine vers les années vingt et trente. Dans une édition antérieure de
ses poèmes (1943, Losada) Borges nous dit en note sa vieille et intime
tendresse pour « un de ces objets qui semblent nous vivre par procura-
tion » et décrit longuement « le petit musée de la couverture », modèle
d'« espièglerie dans la pauvreté ».

*As to an occasional copy of verses,
there are few men who have leisure to
read, and are possessed of any music in
their souls, who are not capable of versi-
fying on some ten or twelve occasions
during their natural lives : at a proper
conjunction of the stars. There is no
harm in taking advantage of such occa-
sions*[1].

FITZGERALD
Dans une letttre
à Bernard Barton (1842).

---

1. Cf. l'épigraphe et la note p. 25.

FONDATION MYTHIQUE
DE BUENOS AIRES

C'est donc par ce Plata boueux et rêvasseur
que les bateaux venus me faire une patrie
descendirent un jour, leurs coques de couleur
cahotant parmi les nuphars du courant gris ?

Regardons de plus près. Le fleuve en ce temps-là
doit encore être bleu, car c'est du ciel qu'il vient ;
une petite étoile rouge dit l'endroit
où jeûna Juan Díaz[1], mais non pas les Indiens.

Quoi qu'il en soit, les preux arrivaient de la mer,
d'une mer large de cinq lunes, et qu'alors
habitaient les dragons, les monstres, les sirènes,
et les pierres qui font délirer la boussole.

Ils épinglèrent sur la côte des chaumières
tremblantes, et s'endormirent étrangés.
Non point à la Boca[2], galéjade grossière !
Ce fut à Palermo, ce fut dans mon quartier.

1. Le navigateur Juan Díaz de Solís, dont ce vers dit assez le triste sort.
2. *Embouchure :* il s'agit de celle du Riachuelo, au sud de Buenos Aires. Borges plaisante ici – par la surenchère – sa vieille antipathie pour un quartier trop professionnellement pittoresque.

Et le damier de la grand-ville commença.
Les côtés du premier carré, qui dure encore,
se nomment... Mais mieux vaut les taire. En ce temps-là
les limites, c'étaient les vents et les aurores.

Rose comme un revers de carte, la première
boutique s'alluma ; ses trucos[1] conversaient ;
au carrefour déjà cambrait sa noire et fière
taille le voyou dur, symbolique, offensé.

Boiteux comme sa valse et son Italien
approchait le premier orgue de Barbarie ;
aux Halles, on tranchait déjà : YRIGOYEN[2] ;
les tangos ouvragés vantaient leur diablerie.

Le désert était tout embaumé de cigares.
D'un soir à l'autre soir, l'Histoire prenait place ;
on se partageait des souvenirs illusoires.
Tout était déjà là – sauf le trottoir d'en face.

Pas de commencement possible à Buenos Aires.
Je le sens éternel comme l'eau, comme l'air.

1. Jeu de cartes argentin, où la parole, traditionnelle ou improvisée, joue
un grand rôle.
2. Président argentin, d'une immense popularité vers 1920. Le jeu ana-
chronique se précise.

ÉLÉGIE DES PORTAILS

A Francisco Luis Bernárdez.

Quartier Villa Alvear : limité par les rues
Nicaragua, Arroyo Maldonado, Canning et
Rivera. Beaucoup de terrains vagues y
subsistent encore et son importance est mé-
diocre.

MANUEL BILBAO,
Buenos Aires, 1902.

Je chante une élégie
du temps où tes portails faisaient encor de l'ombre,
Palerme[1] ; du temps où
le Sud, c'était les chars, et le Nord les jardins.
Je chante une élégie
qui se souvient d'une lueur longue et penchée
que les soleils couchants versaient aux terrains vagues.
(La plus pauvre ruelle avait assez de ciel
pour un bonheur entier ;
et les murets étaient de la couleur des soirs.)
Je chante une élégie
d'un Palerme qu'invoque un va-et-vient d'images
et qui s'en va dans la pauvre mort des oublis.

---

1. Palermo, quartier aujourd'hui élégant vers le centre nord de Buenos
Aires.

Sûres de posséder l'art gracieux d'attendre,
des filles se groupaient sur leurs seuils, commentées
par une valse au loin d'orgue de Barbarie ;
et par les conducteurs des tramways 64
au vif cornet facétieux.

Palerme avait ses fourrés de cactus
et le Maldonado[1] comme destin final
– lambeaux d'eau pauvre aux jours de sécheresse ;
des trottoirs où flambait le tango du *compadre*[2],
glorieux jusqu'au Pacifique,
et de brumeux confins traversés de sifflets.

(Les limites du Sud étaient fange et ruelles ;
et la nuit, aboiements en peine.)

Mais combien de choses heureuses
et faites seulement pour réjouir le cœur :
les plates-bandes des patios
et le *compadre* à la démarche chaloupée.

Jours las du vieux Palerme, vous aviez
vos allègres tangos pour vous rendre vaillants,
et des *trucos* hâbleurs pour écarter la vie
et des aubes sans fin pour apprendre la mort.

La nuit venait plus tard sur tes trottoirs qu'au centre,
car à tes creux profonds s'acoquinait le ciel.
Les charrettes au flanc sentencieux[3]
franchissaient tes matins
et le tendre *almacén* au croisement des rues
semblait attendre un ange.

---

1. Ruisseau, aujourd'hui souterrain, traversant Buenos Aires.
2. C'est le « voyou dur, symbolique, offensé » de *La Fondation mythique de Buenos Aires.*
3. Allusion aux devises philosophiques, commerciales ou gratuitement fantaisistes qui ornaient à l'époque en question les ridelles des charrettes et autres véhicules utilitaires.

Je dis que tel tu fus, un jour parmi les jours.

Je quitte ma maison, trop jeune d'un étage,
et vais – c'est à peu près l'affaire d'une lieue –
chercher des souvenirs dans la nuit de tes rues.
Je siffle un air quelconque, et mon sifflet de pauvre
va se poursuivre dans le rêve des vieux morts.

Par des marches sans fin je savoure tes rues ;
le figuier qui se montre au-dessus du muret
s'accorde avec mon âme ;
le rose ardent de tes vieux carrefours
plus me plaît que le mauve tendre des nuages,
et la paix de tes ciels pommelés de banlieue
passe celle des champs.

FLUENCE NATURELLE
DU SOUVENIR

Mon souvenir du jardin de chez nous :
ses plantes aux heures bénignes,
leur vie au mystère courtois,
objet de louange pour l'homme.

Palmier le plus haut à la ronde,
pension de moineaux ;
tonnelle, ciel de raisins noirs,
les jours d'été dormaient sous ton ombrage.

Eolienne rouge,
roue escarpée au vent laborieuse :
nous en tirions fierté, car nos voisins
devaient attendre le tonneau municipal,
et le fleuve venait chez eux sous sa clochette.

Puits à margelle circulaire
qui rendais le jardin vertigineux,
par une fente du couvercle
j'avais peur d'entrevoir ton cachot d'eau subtile.

Les héroïques charretiers de vieille souche
tonnaient le long de ta vertu ;
tonnait aussi le carnaval bariolé :

canotiers nains et tambours nègres,
brusques aubades de seaux d'eau[1].

L'*almacén*, frère du *compadre*,
tyrannisait le carrefour ;
mais nous avions des joncs pour en faire des lances
et des moineaux pour la prière.

Mon sommeil et celui des arbres
s'amalgament encor dans l'ombre,
et les outrages de la pie
ont laissé dans mon sang un ancien effroi.

Tes quelques toises de terrain
nous devenaient géographie ;
un talus, c'était « la montagne »
de téméraire ascension.

Jardin, j'interromps ma prière
pour me remémorer sans fin
la grande paix de vos ombrages,
arbres de bonne volonté.

---

1. Farce traditionnelle, sans grande cruauté vu le renversement des saisons.

ISIDORO ACEVEDO

C'est vrai que j'ignore tout de lui
– sauf les noms de lieux et les dates :
fraudes de la parole –
mais par une craintive pitié j'ai racheté son dernier jour,
non celui qui apparut aux autres, le sien propre,
et je veux me distraire de mon destin pour l'écrire.

Amateur de *truco*, jeu qui parle argentin,
alsiniste né du bon côté du Ruisseau du Milieu[1],
contrôleur de l'approvisionnement au vieux marché de la
    place Onze,
commissaire de la troisième section,
il se battit lorsque Buenos Aires le lui demanda
à Cepeda, à Pavón et sur la plage des Corrales.

Mais ma voix ne doit pas assumer les batailles :
un songe essentiel allait les emporter.
Comme d'autres hommes écrivent des vers,
mon grand-père fit un rêve.

Ecrasé par une congestion pulmonaire,
la fièvre inventive lui faussant la face du jour,
il rassembla les ardents documents de sa mémoire
pour forger un rêve.

1. Pour un partisan d'Alsina (c'est-à-dire de Buenos Aires) dans le
conflit entre le gouvernement central et les provinces, on devine quel était
le bon côté de l'*Arroyo del Medio* qui constituait la frontière.

Cela se passa dans une maison de la rue Serrano,
dans le violent été de mil neuf cent cinq.

Il rêva de deux armées
qui entraient dans l'ombre d'une bataille ;
il énuméra les commandements, les drapeaux, les unités.
« Maintenant les chefs parlementent », dit-il d'une voix
    qui fut entendue,
et il chercha à se dresser sur son séant pour les voir.

Il fit une levée de pampa :
un terrain vallonné où l'infanterie pût s'accrocher,
une plaine résolue pour que l'assaut de la cavalerie fût
    invincible.

Puis il fit une ultime levée ;
il convoqua ces milliers de visages que l'homme connaît
    sans les connaître au bout des années :
visages barbus s'évanouissant aux daguerréotypes,
visages qui vécurent près du sien à Puente Alsina et à
    Cepeda.

Il chargea ses propres jours et les mit à sac :
élan visionnaire qu'exigeait sa foi, non sa faiblesse.
Il rassembla une armée d'ombres de Buenos Aires
pour mourir sous ses coups.
C'est ainsi que dans la chambre à coucher qui donnait sur
    le jardin
il mourut en rêve pour sa patrie.

On m'apprit sa mort par la métaphore d'un voyage ; je
    n'y crus pas.
J'étais enfant, je ne savais rien de la mort, j'étais immor-
    tel ;
je le cherchai de longs jours à travers les chambres sans
    lumière.

CETTE NUIT-LÀ ON VEILLAIT
QUELQU'UN DANS LE SUD

A Letizia Alvarez de Toledo.

La mort de quelqu'un
– mystère dont je possède le nom vacant, dont nous ne
    saisissons pas la réalité –
maintient vers le sud une maison ouverte jusqu'à l'aube,
une maison ignorée que je ne suis pas destiné à revoir,
mais qui m'attend cette nuit
dans la haute insomnie de ses lampes attardées,
émaciée de mauvaises nuits, différente,
minutieuse de réalité.

Je marche vers sa veille alourdie de mort,
par les rues élémentaires comme des souvenirs,
par le temps abondant de la nuit,
où seuls font encore entendre la vie
les vagues hommes de quartier contre l'*almacén* qu'on
    vient d'éteindre
et quelques notes sifflées qui passent, seules au monde.

D'un pas lent, dans cette possession qu'est l'attente,
j'arrive à la rue, à la maison, à la porte sincère que je
    cherche ;
je suis reçu par des hommes contraints à la gravité
qui partagèrent le temps de mes aînés,

et nous égalisons nos destins
dans une chambre exprès affectée donnant sur le patio,
patio que la nuit commande et accapare ;
et nous disons n'importe quoi, car l'heure est grande ;
le miroir renvoie des visages languissants et argentins
et le maté partagé scande une vaine nuit.

Elles m'émeuvent, ces menues compétences
que toute mort d'homme dissipe
– usage de quelques livres, d'une clef, d'un corps parmi
    les autres –
irrecouvrables retours qui pour lui
furent l'amitié de ce monde.
Je sais que tout privilège, même obscur, est de race mira-
    culeuse,
et je tiens à grande faveur de partager cette veille
réunie autour de ce que personne ne sait, du Mort,
réunie pour isoler ou pour garder sa première nuit dans la
    mort.

(La veille use les visages ;
nos yeux défaillent, hauts et blancs comme ceux de
    Jésus.)

Et le mort, l'incroyable ?
Sa réalité est là, sous les fleurs qui ne lui ressemblent
    pas ;
sa mortelle hospitalité va nous donner
un souvenir de plus pour les années,
de sentencieuses rues du Sud à mériter lentement,
une sombre brise sur le front qui s'en revient
et la nuit qui nous délivre de la plus grande angoisse :
la prolixité du réel.

MORTS DE BUENOS AIRES

I

LA CHACARITA

Parce que l'entraille du cimetière du Sud,
rassasiée par la fièvre jaune, demandait grâce ;
parce que les profondes masures du Sud
envoyaient des paquets de mort à la face de Buenos
    Aires
et parce que Buenos Aires fut incapable de regarder cette
    mort,
on t'ouvrit à la pelle
vers la pointe perdue de l'Ouest,
par-delà les typhons de poussière,
par-delà le lourd marais essentiel, première providence
    des débourbeurs.
Là, il n'y avait que le monde
et que les habitudes des étoiles sur une poignée de fer-
    mes.
Un train partait d'un hangar de Bermejo
avec les rebuts de la mort :
hommes à la barbe délabrée, aux yeux d'insomnie,
femmes à la chair sans âme et sans vertu.

Sale comme notre naissance, une mort frauduleuse
persiste à engorger ton sous-sol, et tu recrutes ainsi
tes pensionnats d'âmes, tes maquis d'ossements

qui tombent au fond de ta nuit enterrée
comme aux profondeurs de la mer.

Une dure végétation de restes en peine
va travaillant tes interminables murailles
dont le sens est perdition ;
convaincu de corruptibilité, le faubourg
épuise sa chaude vie à tes pieds
dans des rues transpercées d'une basse flambée de boue,
ou demande aux bandonéons une grimace accablée
ou s'étourdit d'un sot bêlement de mirlitons carnavales-
    ques.
(Jamais je n'entendis le destin dicter plus définitif arrêt
que cette nuit-là dans ta nuit,
quand la guitare sous les mains faubouriennes
parlait comme les mots, et que les mots disaient :
La mort est vie vécue,
la vie est mort qui vient.)

Singe du cimetière, le four à ordures
gesticule à tes pieds une mort parvenue.
Nous apprenons au réel l'usure et la maladie : 210 char-
    rettes
avilissent les matins, conduisant
à cette nécropole de fumée
les quotidiens objets que nous avons contaminés de
    mort.

D'extravagantes coupoles en bois et des croix dressées
– pièces noires d'un final échiquier – vont parcourant tes
    rues,
et leur croulante majesté prétend masquer
la honte des morts humaines.
Dans ton réduit discipliné
la mort est incolore, creuse, numérique ;
elle n'est plus que dates et que noms,
cadavres de mots.

Chacarita,
dépotoir de cette patrie de Buenos Aires, côte finale,
quartier qui survis aux autres, qui leur surmeurs,
lazaret qui es dans cette mort et non dans l'autre vie,
j'ai entendu ta parole de caducité et je n'y crois pas,
parce que ta conviction tragique est encore acte de vie
et que la plénitude d'une seule rose passe tes marbres.

II

LA RECOLETA

Ici la mort a son point d'honneur,
ici c'est la pudique mort de Buenos Aires,
consubstantielle à la durable et bienheureuse lumière
du parvis du *Bon Secours*,
à la cendre minutieuse des braseros,
à la fine confiture de lait des anniversaires,
aux profondes dynasties de patios.
Ces vieilles douceurs s'accordent bien avec elle, les vieilles rigueurs aussi.

Ton front, c'est le valeureux portique,
l'arbre et ses largesses d'aveugle,
ce parler d'oiseaux qui fait allusion à la mort sans la connaître,
les roulements de tambour qui aux enterrements militaires
mettent un dieu dans les poitrines.
Ton dos, ce sont les misérables pensions du Nord, qu'on passe sous silence,
et la muraille des exécutions rosistes.
Sous les suffrages de marbre croît en dissolution
la nation irreprésentable des morts
dont ta ténèbre effaça l'humanité

depuis que María de los Dolores Maciel, enfant de l'Uruguay
– graine de ton jardin pour le ciel –
s'endormit, faible petite chose, dans ta plaine vague.

Mais je veux m'attarder à la pensée
des légères fleurs qui sont ton pieux commentaire
– sol jaune sous les acacias de ton flanc,
hauts drapeaux de mémoire dans tes mausolées –
et chercher la raison de leur vie gracieuse et dormante
parmi les terribles reliques de ceux que nous aimons.

J'ai dit la question, en voici le mot :
Si les fleurs ont toujours veillé sur la mort,
c'est que l'homme a toujours eu l'incompréhensible révélation
que leur existence assoupie et gracieuse
est celle qui peut le mieux accompagner ceux qui sont morts
sans les offenser d'une superbe présence,
sans presque vivre plus qu'eux-mêmes.

À FRANCISCO LÓPEZ MERINO[1]

Si d'une main délibérée tu t'es couvert de mort,
si tu as décidé de refuser tous les matins du monde,
pourquoi te solliciter par des mots repoussés,
prédestinés à l'impossibilité et à la défaite ?

Il ne nous reste alors
qu'à dire le déshonneur des roses qui n'ont pas su te rete-
nir,
l'opprobre de ce jour qui te permit la balle et la fin.

Notre voix saura-t-elle opposer quelque chose
à ce que confirment la dissolution, les pleurs, le marbre ?
Mais il y a des tendresses qu'aucune mort ne calomnie
– les intimes, indéchiffrables nouvelles que nous apporte
la musique,
la patrie qui veut bien n'être plus qu'une citerne et qu'un
figuier,
le poids ardent de l'amour –
les minutes chargées qui justifient
cette vie accablante.

Je pense à ces minutes et je pense aussi, ami caché,
que nous façonnons peut-être la mort à l'image de la pré-
dilection,

1. Poète argentin.

que tu as su y mettre la voix des cloches et la grâce des
    jeunes filles,
qu'elle a imité ton écriture de collégien appliqué,
et que tu aurais voulu t'y distraire comme en un rêve
où nous bénit l'oubli.

Si la vérité est là et si, quand le temps nous laisse,
il nous reste un sédiment d'éternité, un goût du monde,
alors ta mort est légère
comme ces vers où toujours tu continues à nous atten-
    dre,
alors ta brume n'aura pas à craindre
la profanation de ces invoquantes amitiés.

QUARTIER NORD

Je vais répandre un secret
qui est défendu par l'inutilité et l'inattention,
un secret sans mystère ni serment,
un secret né de l'indifférence seule ;
il persiste dans les habitudes des hommes et des couchants,
préservé par l'oubli, mode le plus pauvre du mystère.

Il y eut un jour où ce quartier fut une amitié,
un argument d'aversions et de prédilections, comme les autres choses d'amour ;
foi qui subsiste à peine
dans quelques traits dispersés et menacés :
dans l'ancienne chanson qui se souvient des *Cinq Rues*[1],
dans le patio, rose ferme sous les murs croissants,
dans l'enseigne décolorée qui dit encore « La Fleur du Nord »,
dans les hommes d'*almacén*, de guitare et de *truco*,
dans la mémoire arrêtée de l'aveugle.

Cet amour épars est notre secret découragé.

---

1. Littéralement : *Cinq coins de rue.* C'est l'exception dans une ville en damier.

Une chose invisible est en train de s'étranger du monde,
un amour pas plus large qu'une musique.

Le quartier nous échappe,
les petits balustres de marbre trapu ne nous confrontent
     plus avec le ciel.
Notre amour pâlit sous de chagrines lâchetés,
l'étoile d'air des *Cinq Rues* est autre.

Mais sans bruit, mais toujours,
dans des choses isolées, perdues, comme le sont toujours
     les choses,
dans le gommier au sombre ciel veiné,
dans le plat à barbe qui reçoit le premier soleil et le der-
     nier,
persiste ce fait amical et dévoué,
cette loyauté obscure que divulgue ma voix :
le quartier.

PASEO DE JULIO[1]

Je le jure, ce n'est pas délibérément que je suis revenu à
cette rue
où comme un miroir se répètent les hautes arcades,
où pendent aux rôtisseries[2] les tresses de viande des abat-
toirs,
où la prostitution se cache sous ce qu'il y a de plus diffé-
rent : la musique.

Port mutilé sans mer, saumâtre rafale encaissée,
ressac qui as adhéré à la terre, Paseo de Julio,
vainement d'anciens souvenirs, anciens jusqu'à la ten-
dresse, me parlent de toi :
jamais je ne t'ai senti ma patrie.

Je n'ai de toi qu'une ignorance éblouie,
qu'une propriété mal assurée comme celle des oiseaux de
mon ciel :
ma parole reste interrogation et tentative
et ne veut qu'obéir à ce que j'ai pu entrevoir.
Quartier d'une lucidité de cauchemar au pied des autres,

1. Le poème est de 1928. Depuis, le Paseo de Julio (Promenade de Juil-
let) a changé de nom et de caractère.
2. *Parrillas* (littéralement *grils*), « établissements traditionnels d'appari-
tion récente » (J. L. Borges, *Discusión*, 1932). On y présente, sous le nom
de *chinchulines*, des intestins grêles de bovins sous forme de longues
tresses.

tes miroirs incurvés dénoncent le côté de laideur des visa-
ges,
ta nuit, chaude de lupanars, pend au flanc de la ville.

Tu es la perdition se forgeant un monde
avec les reflets et les déformations du nôtre ;
tu souffres de chaos, tu es frappé d'irréalité,
tu t'entêtes à jouer la vie avec des cartes biseautés ;
ton alcool lève des rixes,
tes pythonisses grecques tripotent des livres d'envieuse
magie.

Est-ce parce que l'enfer est vide
que ta faune de monstres est elle-même bâtarde
et que la sirène promise par cette enseigne est morte et en
cire ?

Tu as l'innocence terrible
de la résignation, de l'aube, de la connaissance,
celle de l'esprit non purifié, qu'efface
l'insistance du destin
et qui visé de trop de lumières, déjà blanc, déjà rien,
ne convoite plus que le présent, que l'actuel, comme les
vieilles gens.

Derrière les murailles de ma banlieue, les dures charret-
tes
peuvent prier, de leurs brancards levés, leur impossible
dieu de fer et de poussière,
mais nommerais-tu ton dieu, ton idole, ta vénération,
Paseo de Julio ?

Ta vie pactise avec la mort ;
tout bonheur, du seul fait d'exister, t'est contraire.

L'Autre, le Même[1]

1. Titre espagnol : *El Oltro, el Mismo.* – L'édition de 1969 comporte une préface qui ne nous a pas semblé trouver sa place ici, car elle couvre nombre de compositions postérieures à 1965 et ne figurant donc pas dans le présent volume. Nous en donnerons cependant le début :

« Parmi les nombreux livres de vers que ma résignation, ma négligence et parfois ma passion ont brouillonnés, *L'Autre, le Même* est celui que je préfère. C'est là que se trouvent le *Poème des dons*, le *Poème conjectural, Une rose et Milton, L'Autre Tigre, Limites* [...], qui, à moins que la partialité ne m'égare, ne me déshonorent pas. »

Il existe deux poèmes intitulés *Limites* ; il s'agit ici manifestement du plus long d'entre eux, en strophes, pp. 108-109.

À LEOPOLDO LUGONES

Les rumeurs de la place restent derrière moi et j'entre dans la Bibliothèque. De façon quasi physique, je ressens le poids des livres, la paisible enceinte d'un ordre, le temps magiquement embaumé et perpétué. A gauche et à droite, absorbés dans leur rêve lucide, se détachent les visages momentanés des lecteurs, sous la lumière des lampes studieuses. Lampes studieuses – *l'hypallage est de Milton ; mais je me rappelle m'être déjà rappelé cette figure, à cette même place, et aussitôt cette autre épithète qui définit aussi le contour :* l'aride chameau *du* Lunaire, *et aussitôt encore cet hexamètre de l'*Enéide, *qui exerce et porte à perfection le même artifice :*

Ibant obscuri sola sub nocte per umbras.

Ces réflexions me laissent devant la porte de votre bureau. J'entre ; nous échangeons quelques mots conventionnels et cordiaux, et je vous présente ce livre. Si je ne me trompe, vous aviez quelque sympathie pour moi, Lugones, et vous auriez aimé pouvoir aimer quelqu'une de mes œuvres. Cela n'était jamais arrivé ; mais cette fois-ci vous feuilletez les pages et vous lisez tel ou tel vers avec approbation, peut-être parce que vous avez reconnu votre propre voix au passage, peut-être parce que l'aveu d'une saine théorie vous fait fermer les yeux sur les défauts de l'exécution.

C'est là que mon rêve se défait, comme l'eau dans l'eau. La vaste bibliothèque qui m'entoure se trouve rue México, non pas rue Rodríguez Peña, et vous, Lugones, vous vous êtes donné la mort au début de l'année mil neuf cent trente-huit. Ma vanité et ma nostalgie ont composé une scène impossible. Impossible? Sans doute, mais je fais réflexion que demain moi aussi je serai mort ; que nos temps se confondront, que la chronologie se perdra dans un monde de symboles, et qu'en quelque façon il sera juste d'affirmer que je vous ai offert ce livre et que vous avez bien voulu l'accepter.

J.L.B.

INSOMNIE

En fer !
Elle doit être en fer, soutenue d'énormes arcs-boutants de
   fer, cette nuit,
pour ne pas être crevée, défoncée
par tout ce qu'ont vu mes yeux gorgés,
par la dure foule morte qui la peuple insupportable-
   ment.

Mon corps a fatigué les niveaux, les températures, les
   lumières :
dans les wagons d'un long chemin de fer,
dans un banquet d'hommes qui se haïssent,
au fil émoussé des banlieues,
dans la touffeur d'un jardin aux humides statues,
dans la nuit bondée de chevaux et d'hommes.

L'univers de cette nuit a l'amplitude
de l'oubli et la précision de la fièvre.

Je cherche en vain à me distraire de mon corps
et de la vigilance d'un incessant miroir
qui le prodigue et qui le guette ;
je voudrais oublier une maison qui répète ses patios,
un monde qui se poursuit jusqu'à cette banlieue éclatée,
jusqu'à ces rues informes, boue honteuse où se lasse le
   vent.

J'attends en vain
les désintégrations et les symboles qui précèdent le sommeil.
L'histoire universelle continue :
les minutieux cheminements de la mort dans les caries dentaires,
la circulation de mon sang et des planètes.

(J'ai haï l'eau crapuleuse d'une mare,
j'ai détesté vers le soir le chant de l'oiseau.)

Les faubourgs du Sud, ces incessantes lieues épuisées,
lieues de pampa ordurière et obscène, lieues d'exécration,
ne veulent pas quitter le souvenir.
Lots inondables, masures entassées comme des chiens,
mares d'argent fétide :
je suis la détestable sentinelle de ces immobilités.

Barbelés, terre-pleins, papiers morts, rebuts de Buenos Aires.

Je crois ce soir à la terrible immortalité :
personne n'est jamais mort, aucun homme, aucune femme, aucun mort,
parce que cette inévitable réalité de fer et de boue
doit transpercer l'indifférence des endormis ou des morts
– eussent-ils pour abri la corruption ou les siècles –
et les condamner à une veille épouvantable.

D'informes nuages couleur lie-de-vin aviliront le ciel ;
il va faire jour sous mes paupières serrées.

Adrogué, 1936.

TWO ENGLISH POEMS

To Beatriz Bibiloni Webster de Bullrich

I

The useless dawn finds me in a deserted street-corner ;
I have outlived the night.

Nights are proud waves ; darkblue topheavy waves laden
with all hues of deep spoil, laden with things unlikely
and desirable.

Nights have a habit of mysterious gifts and refusals, of
things half given away, half withheld, of joys with a
dark hemisphere. Nights act that way, I tell you.

The surge, that night, left me the customary shreds and
odd ends : some hated friends to chat with, music for
dreams, and the smoking of bitter ashes. The things my
hungry heart has no use for.

The big wave brought you.

Words, any words, your laughter ; and you so lazily and
incessantly beautiful. We talked and you have forgotten
the words.

The shattering dawn finds me in a deserted street of my
city.

Your profile turned away, the sounds that go to make
your name, the lilt of your laughter : these are illus-
trious toys you have left me.

I turn them over in the dawn, I lose them, I find them ;
I tell them to the few stray dogs and to the few stray
stars of the dawn.

Your dark rich life...
I must get at you, somehow : I put away those illustrious
   toys you have left me, I want your hidden look, your
   real smile – that lonely, mocking smile your cool mirror
   knows.

II

What can I hold you with ?

I offer you lean streets, desperate sunsets, the moon of the jagged suburbs.

I offer you the bitterness of a man who has looked long and long at the lonely moon.

I offer you my ancestors, my dead men, the ghosts that living men have honoured in marble : my father's father killed in the frontier of Buenos Aires, two bullets through his lungs, bearded and dead, wrapped by his soldiers in the hide of a cow ; my mother's grandfather – just twentyfour – heading a charge of three hundred men in Perú, now ghosts on vanished horses.

I offer you whatever insight my books may hold, whatever manliness or humour my life.

I offer you the loyalty of a man who has never been loyal.

I offer you that kernel of myself that I have saved, somehow – the central heart that deals not in words, traffics not with dreams and is untouched by time, by joy, by adversities.

I offer you the memory of a yellow rose seen at sunset, years before you were born.

I offer you explanations of yourself, theories about yourself, authentic and surprising news of yourself.

I can give you my loneliness, my darkness, the hunger of
my heart ; I am trying to bride you with uncertainty,
with danger, with defeat.

1934.

Les deux poèmes ci-dessus figurent tels quels dans l'original, sans tra-
duction. Nous prendrons le même parti ; la langue anglaise n'est pas plus
familière à l'Argentin cultivé qu'au Français cultivé.

Borges, lui, est parfaitement bilingue : on peut rappeler ici, à titre de
curiosité, que son *Evaristo Carriego* (1936) fut rédigé en anglais avant
d'être traduit et publié en espagnol.

LA NUIT CYCLIQUE

A Sylvina Bullrich.

Tes disciples ardus le savaient, Pythagore :
L'homme comme le ciel revient cycliquement ;
Les atomes par leur fatal enchaînement
Vont répéter un jour et répéter encore

L'urgente Astarté d'or, Thèbes, les agoras ;
Le Lapithe mourra sous le sabot hybride,
Et quand Rome sera poussière, au cœur fétide
De ton palais, Minotaure, tu gémiras.

Minutieuse reviendra chaque insomnie.
Le fer rebâtira l'abîme ; incessamment
Ma main rejaillira d'un ventre, et l'Allemand
Sans fin doit t'affirmer, renaissance infinie.

Nietzsche, Hume, faut-il nous redire toujours
Tels les chiffres d'un quotient périodique ?
Je sais, moi, qu'un obscur retour pythagorique
Me laisse chaque nuit au cœur des vieux faubourgs,

A quelque carrefour figé dans sa pénombre.
Est-ce à l'ouest, au sud ? Mais qu'importe le lieu :
Il y faut seulement le mur bas, pâle et bleu,
Et le trottoir défait avec le figuier sombre.

Ô ma ville ! Le temps qui rend riche ou puissant
Est pour les autres, non pour moi. Le mien à peine
M'abandonne une rose éteinte, cette vaine
Suite de noms usés qui récitent mon sang :

Acevedo, Soler... Relus aux réverbères,
J'entends passer en eux les clairons incertains,
Les républiques, les chevaux et les matins,
Et l'heureuse victoire, et les morts militaires.

Les places où s'abat la ténèbre sans loi
Sont les profondes cours d'un vieux palais aride,
Et l'unanime rue où s'engendre le vide
Est un couloir de sommeil et de vague effroi.

Sur ma chair vient ta nuit concave, Anaxagore ;
Et l'éternel me chante, approche ou souvenir,
Un poème d'hier, un poème à venir :
« Tes disciples ardus le savaient, Pythagore... »

                                        1940.

DE L'ENFER ET DU CIEL

L'Enfer de Dieu n'a pas besoin du feu splendide.
Lorsque le Jugement ultime sonnera
aux trompettes, que notre monde publiera
ses entrailles, et que secouant leur poussière
les nations se lèveront pour écouter
la Bouche sans appel – une montagne inverse
ne viendra pas montrer ses neuf cercles ; nul homme
n'apercevra les asphodèles éternels
de la pâle prairie, où l'ombre de l'archer
poursuit l'ombre du daim, sempiternellement ;
ni la louve du feu qui précède, aux infimes
étages des enfers islamiques, Adam
et les Punitions ; non plus les violents
métaux ; non plus, Milton, ta visible ténèbre.
Dans l'opprobre d'un labyrinthe détesté
jamais le triple fer, jamais le feu de peine
ne viendront étonner les âmes des maudits.

Le fond de l'avenir ne garde pas non plus
les charmes d'un jardin caché. Pour exalter
le juste et ses vertus, Dieu n'aura pas besoin
de blancs cercles, de concentriques théories
angéliques : trônes, puissances, chérubins ;
ni du miroir illusoire de la musique ;
il se dispensera de la rose profonde,
il n'enrôlera pas la funeste splendeur

de ses tigres, même d'un seul ; pas davantage
le jaune délicat d'un couchant au désert,
ou la saveur antique et native de l'eau.
Dans sa miséricorde il n'est pas de jardins,
il n'est pas de clarté d'espoir ou de mémoire.

Le vrai ciel, l'enfer vrai qui nous sont assignés,
j'ai pu les concevoir dans le cristal d'un rêve :
le jour où doit sonner aux dernières trompettes
le Jugement, où la planète millénaire
sera détruite, et que s'abîmeront soudain,
Temps de l'homme ! tes pyramides éphémères,
les couleurs du passé, ses lignes et ses formes
définiront dans l'ombre un visage dormant,
fidèle, inaltérable, immobile, celui
peut-être de l'aimée et peut-être le tien ;
et la vue immédiate de ce visage
incorruptible, intact, continuel, sera
Enfer pour le damné ; pour l'élu, Paradis.

1942.

POÈME CONJECTURAL

Le juriste François Laprida, assassiné le 22 septembre 1829 par les guérilleros d'Aldao, pense avant de mourir :

Les balles sifflent dans le dernier soir. Des cendres
Volent au gré du vent. La bataille difforme
S'éteint comme le jour, et nous avons perdu.
Les autres ont vaincu, les gauchos, les barbares.
Moi, Laprida François-Narcisse, le juriste,
Moi dont la plume, dont la voix a déclaré
L'indépendance de ces cruelles provinces,
Défait, le front taché de sueur et de sang,
Sans espoir comme sans frayeur, perdu, je fuis
Vers le Sud à travers les dernières banlieues.
Tout comme ce capitaine du Purgatoire
Qui fuyait seul, à pied, ensanglantant la plaine,
Vers les confins où perd son nom un fleuve obscur –
Ainsi je dois tomber. J'arrive à l'échéance.
La ténèbre latérale des marécages
Me guette et me retient, et j'entends qui me cherche
Ma chaude mort, avec ses sabots, ses naseaux,
Ses cavaliers et ses lances. Moi qui voulais
Vivre parmi les lois, les livres, les verdicts,
Je vais m'abattre là, face au ciel, dans la fange.
Et pourtant je me sens le cœur inexplicable
Sourdement transporté d'une divine joie.

J'ai trouvé mon destin, mon destin d'Amérique.
C'était vers cette fin obscure et désastreuse
Que m'entraînait depuis le fond de mon enfance
Le dédale multiple engendré par mes pas.
J'ai découvert la clef secrète de ma vie,
Le vrai sort, le vrai nom de François Laprida,
La lettre qui manquait, cette forme parfaite
Que Dieu seul connaissait dès le commencement.
Un miroir m'est offert, un miroir où je vois
Mon visage éternel, dont je ne savais rien.
Le cercle va se clore, et j'attends qu'il se close.
Déjà je mets mes pas sur l'ombre de leurs lances.
On me cherche. Ma mort, mon insulte sont prêtes.
Les cavaliers, les crinières et les haleines
M'ont entouré. Voici déjà le premier coup,
Le dur métal qui me défonce la poitrine,
Et l'intime couteau dans le pli de la gorge.

1943.

POÈME DU QUATRIÈME ÉLÉMENT

Sur la plage d'un vert de flamme dévastée
L'Astréide s'apprête à terrasser le dieu.
Mais le dieu se fera panthère, dragon, feu,
Arbre, lion – mieux encore, eau. L'eau, c'est Protée.

C'est le Maelström que tisse un tourbillon glacé,
C'est le faubourg creusé par le rouge mirage
Du crépuscule ; c'est l'infidèle nuage,
C'est l'inutile pleur sur ta tombe versé.

La terre qui nourrit et le feu qui dévore,
Si l'on en croit Sénèque et Thalès de Milet,
Tiennent tous deux de l'eau leur être et leur secret ;
Les dieux aussi, qui font le couchant et l'aurore.

Les ondes, la montagne en marche qui détruit
La nef de fer sont seulement tes anaphores ;
Il n'est que métaphore entre tes métaphores,
L'irréversible temps qui nous blesse et qui fuit.

Sans les vents désastreux, tu fus le labyrinthe
Sans fenêtre ni murs qui dévia l'effort
Du Grec tant espéré ; tu fus la pâle Crainte,
Tu fus le Hasard trouble et la certaine Mort.
Tu brilles tel le fil sans pitié de l'alfange ;
Ton sein du rêve atroce et du monstre est hanté ;

La langue des humains ajoute à ta beauté,
Et ta fugue a pour noms l'Amazone ou le Gange.

(Le Gange, affirme-t-on, est un fleuve sacré ;
Mais les obscures mers tissent un vaste échange
Dans ce monde poreux, et le Danois dit vrai
Qui prétend se baigner tous les jours dans le Gange.)

Tes vagues s'empierraient d'yeux et de nations
Pour Quincey, qu'un venin de rêves exaspère ;
Tu t'offris à la soif des générations,
Tu coulas sur la chair du Christ et de mon père.

Pardonne à ce poème, à son cours endormi ;
Lis la quête et l'appel sous les images mièvres.
Pense à Borges, à ton nageur, à ton ami :
Au jour dit, ne viens pas à manquer sur mes lèvres.

À UN POÈTE MINEUR
DE L'ANTHOLOGIE

Qu'est devenue, ami, la mémoire des jours
que tu possédas sur cette terre, ce tissu
de bonheur et de douleur, ton univers à toi ?

Le dénombrable fleuve des années
a tout égaré ; tu n'es plus qu'un nom dans un index.

Les autres reçurent des dieux une interminable gloire,
des inscriptions, des exergues, des monuments et de
   ponctuels historiens ;
nous savons seulement de toi, obscur ami,
que tu entendis le rossignol, un soir.

Parmi les asphodèles de l'ombre, ton ombre vaine
doit penser que les dieux furent avares.

Mais les jours sont un filet de misères triviales ;
qui sait si le meilleur sort n'est pas d'être la cendre
dont est fait l'oubli ?

Sur d'autres les dieux ont jeté
la lumière inexorable de la gloire, qui observe les entrail-
   les et dénombre les crevasses,
de la gloire, qui finit par friper la rose qu'elle vénère ;
pour toi, mon frère, leur pitié fut plus grande.

Dans l'extase d'un soir qui ne doit pas être une nuit,
tu entends la voix du rossignol de Théocrite.

PAGE POUR COMMÉMORER
LE COLONEL SÚAREZ,
VAINQUEUR À JUNÍN[1]

Q'importent les pénuries, l'exil,
la honte de vieillir, l'ombre croissante
du dictateur sur la patrie, la maison de la Haute Ville
que ses frères vendirent pendant qu'il était à la guerre, les
jours inutiles
(les jours qu'on espère oublier, les jours qu'on sait qu'on
oubliera),
s'il eut son heure, sa grande heure, à cheval
dans la visible pampa de Junín comme sur une scène
pour le futur,
comme si cet amphithéâtre de montagnes était le futur.

Qu'importe le temps successif si en lui
il y eut une plénitude, une extase, un soir.

Il fit treize ans les guerres d'Amérique. Enfin
le sort le conduisit en Uruguay, sur les plaines baignées
par le Río Negro.
Dans les soirs il devait penser
que c'est pour lui qu'avait fleuri cette rose :
la rouge bataille de Junín, l'instant infini
où les lances se touchèrent, l'ordre qui décida de la
bataille,
la défaite initiale, et dans le vacarme,

1. Junín se trouve au pied des Andes, au nord-est de Lima.

non moins soudaine pour lui que pour la troupe,
sa voix criant aux Péruviens de charger ;
la lumière, l'élan et la fatalité de la charge,
le furieux labyrinthe des armées,
la bataille de lances où nul coup de fusil ne retentit,
l'Espagnol qu'il transperça par le fer,
la victoire, le bonheur, la fatigue, un commencement de
    sommeil,
et les gens mourant parmi les marécages,
et Bolívar prononçant des paroles sans doute historiques
et le soleil occidental et la saveur recouvrée de l'eau et du
    vin,
et ce mort sans visage, au visage écrasé et effacé par la
    bataille...

Son arrière-petit-fils écrit ces vers, et une voix secrète
lui arrive du fond de son sang :
– Qu'importe que ma bataille de Junín soit une glorieuse
    mémoire,
une date qu'on apprend pour un examen ou un point sur
    une carte.
La bataille est éternelle et elle peut se dispenser de la
    pompe de visibles et claironnantes armées ;
Junín, ce sont deux civils à un coin de rue qui maudissent
    un tyran,
ou un homme obscur qui se meurt en prison.

                                                      1953.

MATTHIEU, XXV, 30

Le premier pont de *Constitución*[1], et à mes pieds
Un fracas de trains qui tissaient des labyrinthes de fer.
Des fumées, des sifflets escaladaient la nuit,
Qui devint brusquement le Jugement dernier. Du fond de
  l'invisible horizon
Et de mon être central, une voix infinie
Me dit ces choses (ces choses, non ces mots,
Qui sont ma pauvre traduction temporelle d'un mot uni-
  que) :
— Des étoiles, du pain, des bibliothèques orientales et
  occidentales,
Des cartes, des échiquiers, des galeries, des verrières et
  des caves,
Un corps humain pour marcher sur la terre,
Des ongles qui poussent pendant la nuit, pendant la
  mort,
Une ombre qui oublie, des miroirs affairés qui multi-
  plient,
Les pentes de la musique, la plus docile des formes du
  temps,
Les frontières du Brésil et de l'Uruguay, des chevaux et
  des matins,
Un poids de cuivre et un exemplaire de la saga de Gret-
  tir,

1. Une des gares de Buenos Aires.

L'algèbre et le feu, la charge de Junín dans ton sang,
Des jours plus populeux que Balzac, l'odeur du chèvre-
    feuille,
L'amour et l'attente de l'amour et des souvenirs intoléra-
    bles,
Le sommeil comme un trésor enterré, le généreux ha-
    sard
Et la mémoire, que l'homme ne peut regarder sans ver-
    tige,
Tout cela t'a été donné, et aussi
    L'ancienne nourriture des héros :
    La fausseté, la défaite, l'humiliation.
    En vain nous t'avons prodigué l'océan,
En vain le soleil, que regardèrent les yeux émerveillés de
    Whitman ;
Tu as rogné tes années et tes années t'ont rogné,
Et tu n'as pas encore écrit le poème.

1953.

UNE BOUSSOLE

A Esther Zemborain de Torres.

Choses sont mots. Quelqu'un – mais qui, mais quoi ? –
Nous écrit : cette incessante graphie
Inextricable et qui ne signifie
Rien, c'est l'histoire humaine. En ce convoi

Passent Carthage et Rome, et moi, lui, toi,
Mon désespoir d'être cryptographie,
Hasard, rébus – mon impensable vie,
Cette Babel qui s'écartèle en moi.

Mais par-delà la parole ou le nombre
Un reste attend. Je sens planer son ombre
Sur cet acier léger, lucide et bleu

Qui cherche un point où l'océan fait trêve ;
Presque une montre entr'aperçue en rêve,
Presque un oiseau qui dort et tremble un peu.

UNE CLEF À SALONIQUE

Abarbanel, Vivas, Farias, qu'une offense
Détestable exila, gardent encore en main
La clef d'une maison au fond d'un vieux jardin –
La maison de Tolède où coula leur enfance.

Libérés aujourd'hui de crainte et d'espérance,
Ils regardent la clef dans le soir incertain ;
Et le bronze leur dit l'autrefois, le lointain,
Une lumière lasse, une calme souffrance.

Maintenant que sa porte est poussière, l'outil
Devient chiffre du vent et rose de l'exil ;
Ainsi cette autre clef, la clef du sanctuaire

Que quelqu'un vers l'azur lança, car le Romain
Portait vers les autels sa flamme téméraire,
Et qu'aux cieux entrouverts recueillit une main.

UN POÈTE DU XIIIᵉ SIÈCLE

Il relit et reprend les brouillons incertains
De ces quatorze vers. Mais le sonnet qu'il crée
N'a pas encor de nom. Une forme ignorée
Se propose, tercets couronnant des quatrains.

Il va quitter la lente page à ses destins
Quand soudain le pénètre une stupeur sacrée.
Peut-être lui vient-il à travers la durée
Une vague rumeur de rossignols lointains.

Sentirait-il qu'il n'est plus seul, qu'un dieu le guette ?
Que le secret, que l'incroyable Musagète
Vient de lui révéler l'archétype fatal

De tout ce que la nuit ferme ou le jour dissipe ?
Voit-il précipités dans l'avide cristal
Le dédale et son fil, l'énigme et son Œdipe ?

UN SOLDAT D'URBINA[1]

Jamais nouvel exploit, jamais autre campagne
N'égaleront Lépante et l'Ottoman chassé :
Aux sordides métiers sans plainte rabaissé,
Le soldat erre obscur par sa farouche Espagne.

Plus que la fierté morte, un rêve l'accompagne
Par quoi l'acharnement de l'heure est effacé ;
Aux gestes de Roland, aux cycles de Bretagne
Il puise le secours d'un magique passé.

Il voit sur la campagne une lueur de cuivre
S'attarder ; il se croit pauvre, seul, las de vivre ;
Il ignore qu'un don de Dieu va le toucher.

Insensible au murmure auguste qui s'élève,
Il va, triste et pensif, et ne sent pas marcher
Don Quichotte et Sancho dans le fond de son rêve.

1. Il s'agit de don Diego de Urbina, ex-capitaine de l'illustre soldat
(illustre à d'autres titres) qu'on va bientôt identifier.

LIMITES

Creusé par le long cours des trottoirs et des toits
Le soir décline. Quelques-unes de ces rues
– Mais lesquelles ? – je dois les avoir parcourues,
Sans le savoir, déjà pour la dernière fois.

Je suis promis à vous, toutes-puissantes normes ;
Je subis l'ordre étroit secrètement fixé
A ces ténèbres, à ces rêves, à ces formes
Par quoi l'homme est tissé, détissé, retissé.

La mesure et la fin, ce qui va disparaître,
Le « désormais », le « jamais plus » plaisent à Dieu :
Il est dans nos maisons quelqu'un, tout près peut-être,
A qui sans le savoir nous avons dit adieu.

La veille se prolonge ; à la fenêtre grise
Va s'achever la nuit. De ces livres en tas
Dont l'ombre se répand sur la table indécise
Il en est quelques-uns que nous ne lirons pas.

Je connais vers le Sud, sous l'agave et la mûre
Et la jarre en ciment, un vieux portail perdu.
Je l'aimais bien ; il m'est désormais défendu
Comme s'il n'existait que sur une gravure.

Quelques miroirs jamais ne te regarderont ;
Ces portes, tu les as pour toujours condamnées ;

Le carrefour semble s'ouvrir à tes journées,
Mais il est surveillé par Janus Quadrifront.

Ta mémoire te reste ; et pourtant il est une
Image que tu vois pour la dernière fois.
Jamais le blanc soleil, jamais la jaune lune
Ne te verront descendre à la source des bois.

Cette langue d'oiseaux, de coupes et de roses
Que t'offrait le Persan, tu ne l'entendras plus ;
Elle t'échappera quand dans les soirs diffus
Tu voudras murmurer d'inoubliables choses.

Et mon passé d'Europe, aujourd'hui si réel,
Et ce Rhône incessant, et son lac, et le Tage ?
Ils connaîtront bientôt le néant de Carthage
Qu'effaça le Latin par la flamme et le sel.

Je crois entendre au loin des rumeurs qui s'agitent,
Désordre de départs au levant embrumé ;
Une foule m'oublie après m'avoir aimé ;
Voilà le temps, l'espace et Borges qui me quittent.

BALTASAR GRACIÁN

Des labyrinthes, des calembours, des emblèmes,
Un néant studieux et glacial, voilà
Pour lui la poésie – un art qu'il ravala
A l'appareil poussif des doctes stratagèmes.

En son âme point de musique, mais un vain
Herbier d'allusions, d'images et de pièges ;
Le culte de l'astuce et des subtils manèges,
Et l'oubli de l'humain comme du surhumain.

Il n'entend point Homère et son antique voix,
Ni la tienne, d'argent et de lune, ô Virgile ;
Il ne voit pas l'atroce Œdipe qui s'exile,
Ni Jésus qui se meurt sur un morceau de bois.

Les claires constellations orientales
Qui vont se consumant à l'approche du jour
Deviennent pour ce cuistre aux trouvailles vandales
Les poules — sic — de la céleste basse-cour.

L'amour qui brûle et saigne à la lèvre charnelle
Lui fut de peu ; de peu lui fut l'amour divin...
La Pâle le surprit et l'emporta chez elle
Un jour qu'il feuilletait les strophes du Marin[1].

1. Il s'agit du *Cavalier* Marin, Giambattista Marino ou Marini.

Son sort ultérieur n'est pas dit par l'histoire ;
Présumons que laissant son terrestre oripeau
Aux variations sordides du tombeau,
Son âme fut ravie au séjour de la gloire.

Que pensa-t-il alors de ces fines fadeurs,
De ces pauvres abus, de cette vide algèbre ?
Comprit-il, versa-t-il des pleurs quand sa ténèbre
Affronta les Archétypes et les Splendeurs ?

Qu'advint-il de sa voix quand parla le tonnerre,
De ses yeux quand l'inexorable Vérité,
Soleil de Dieu, montra sa flamme ? Est-il resté
Aveugle au cœur de l'interminable lumière ?

Je conclus autrement. Gracián ne comprit
Rien, ne vit rien, trop pris par ses infimes thèmes ;
Il continue à retourner dans son esprit
Des labyrinthes, des calembours, des emblèmes.

UN SAXON
(A. D. 449)

Déjà sous l'horizon le croissant de la lune
S'abîme. Lent dans l'aube, un homme rude et clair
Pose un pied cauteleux, encor mouillé de mer,
Sur l'arène minutieuse de la dune.

Sur la noire colline il voit de sombres fleurs,
Et par-delà le golfe gris, la pâle terre.
C'est la pointe du jour, c'est l'heure élémentaire
Où Dieu n'a pas encore inventé les couleurs.

Il connaissait les noms têtus de sa fortune :
Rames, filets, charrue, épée et bouclier.
Sa main de guerrier dur aimerait se plier
A graver par le fer une tenace rune.

Il regardait, fils des bourbiers insidieux,
Cette terre rongée au sel des lourdes ondes ;
Sur lui, comme les jours et leurs voûtes profondes,
S'éployait le Destin qui protégeait ses dieux :

Woden, Thunor, espoir des cruels et des braves,
Idoles qu'il ornait de chiffons et de clous
Et dont l'autel grossier souriait au sang doux
Des chevaux et des chiens, des oiseaux, des esclaves.

Il forgeait, pour louer la mémoire des forts,
Les *kenningar* monstrueuses et délicates :

Le bouclier, c'était la lune des pirates ;
Le glaive, le poisson utile au coq des morts.

Ses heures exaltaient le Destin sans remède ;
Son univers, c'était le fer, le loup, le roi,
Le magique océan, le solennel effroi
Qui nous étreint au cœur glacé de la pinède.

Il apportait les mots absolus et brutaux
D'une langue qui deviendrait plus tard le nombre
Et la musique de Shakespeare : le jour, l'ombre,
L'eau, le feu, les couleurs, la fonte des métaux,

La faim, la soif, la peur, l'amertume, la guerre,
La mort : de quoi suffire à l'ordinaire humain.
Au cœur des monts ardus et des plaines sans fin
Par lui, par ses enfants, commençait l'Angleterre.

LE GOLEM

Dans Cratyle, le Grec – et se tromperait-il ? –
Dit que le mot est l'archétype de la chose :
Dans les lettres de *rose* embaume la fleur rose,
Et le Nil entre en crue aux lettres du mot *Nil.*

Un Nom terrible existe donc, par quoi l'essence
De Dieu même est chiffrée – et c'est un mot humain,
Qu'épelle l'alphabet, que peut tracer la main ;
Celui qui le prononce a la Toute-Puissance.

Les étoiles savaient ce Nom. Adam aussi,
Au Jardin ; mais bientôt il s'étrange et se brouille :
Le péché, disent les cabalistes, le rouille ;
Toute trace s'en perd à la fin. C'est ainsi.

Mais la candeur de l'homme et sa soif de merveilles
Et son art sont sans fond. Un jour, le peuple élu
Tenta de retrouver le vocable absolu ;
Toute la juiverie y consumait ses veilles.

C'est ici que Juda Léon va survenir,
Vive et verte mémoire, et non point ombre vague
A peine insinuée au vague devenir :
Il est resté, Juda Léon, rabbin de Prague.

Juda Léon saura ce que Dieu sait. Brûlé
De génie, il ajoute, il retranche, il permute
Les lettres – et l'emporte enfin de haute lutte.
Il a trouvé le Nom. Et ce Nom est la Clé,

Est l'Echo, le Palais, et l'Hôte, et les Fenêtres.
Un pantin façonné d'une grossière main
Par le Nom reçoit vie : il connaîtra demain
Les arcanes du Temps, de l'Espace et des Lettres.

Levant sur l'univers des regards somnolents,
L'hominien perçut des formes confondues
A des couleurs, et dans une rumeur perdues ;
Novice, il s'essayait à des gestes tremblants.

Il se sentit bientôt prisonnier, comme un homme,
D'un sonore filet : l'Après et l'Aujourd'hui,
Et la Droite et la Gauche et le Plus et le Comme,
Le Maintenant, le Cependant, le Moi, le Lui.

Mais comment désigner la rude créature ?
Le cabaliste-Dieu la surnomma Golem.
(Tout ce que je rapporte est constant, et figure
En quelque endroit du docte ouvrage de Scholem.)

Voici mon pied, ton pied... Patient pédagogue,
Le rabbin au Golem apprenait l'univers.
Il se passa trois ans avant que le pervers
Sût balayer tant bien que mal la synagogue.

Fallait-il mieux écrire ou mieux articuler
Le Nom ? Quelque bévue avait été commise :
Haute sorcellerie à la fin compromise,
Le candidat humain n'apprit pas à parler.

Parcourant le réduit et sa brume morose,
Ses yeux allaient cherchant ceux du magicien ;
Et c'était un regard moins d'homme que de chien ;
Si les choses voyaient, moins de chien que de chose.

Je ne sais quoi de lourd, d'abrupt chez le Golem
Faisait fuir sur ses pas le chat de la voisine.
(Il n'est pas question de ce chat dans Scholem ;
Cependant, à travers les ans, je le devine.)

Filial, le Golem mimait l'officiant,
Et tel son dieu vers Dieu levait ses paumes graves ;
Parfois d'orientaux salamalecs concaves
Longuement l'abîmaient, stupide et souriant.

Le rabbin contemplait son œuvre avec tendresse,
Mais non sans quelque horreur. *Je fus bien avisé,*
Pensait-il, *d'engendrer ce garçon malaisé*
Et de quitter l'Abstention, seule sagesse !

Fallait-il ajouter un symbole nouveau
A la succession intarissable et vaine ?
Une autre cause, un autre effet, une autre peine
Devaient-ils aggraver l'éternel écheveau ?

A l'heure où passe un doute à travers l'ombre vague
Sur le pénible enfant son regard s'arrêtait.
Saurons-nous quelque jour ce que Dieu ressentait
Lorsque ses yeux tombaient sur son rabbin de Prague ?

1958.

LE TANGO

Où sont-ils maintenant ? questionne le triste,
Pensant à ses aînés, pleurant le temps enfui.
Croit-il que quelque part une contrée existe
Où le passé devient l'Encore et l'Aujourd'hui ?

Où donc – demanderai-je à mon tour – est la pègre
Qui parmi la poussière et l'aride poteau
Fondait au fond perdu des bourgades l'allègre
Et dure secte du courage et du couteau ?

Où sont ceux qui laissant un mythe à la mémoire,
A l'épopée un chant, mus par les seuls dangers,
Non par l'or ou la haine, à peine par la gloire,
Sur un trottoir désert mouraient entr'égorgés ?

Je cherche leur légende : une imprécise rose,
Braise dernière, brille au fond du passé noir ;
Elle garde de vous peut-être quelque chose,
Fiers truands de la Halle et du Vieil Abattoir.

Habites-tu là-bas une ruelle sombre
Ou le blême désert ? Sous la nouvelle loi
Passe l'ombre de qui lui-même fut une ombre.
Jean Muragne, couteau de Palerme, est-ce toi ?

Et cet Iberre désastreux ? Que Dieu l'assiste !
L'affaire se conclut au quai du Vent Debout :
Son jeune frère avait dix-sept morts sur sa liste,
Lui seize. Il l'abattit ; score, dix-sept partout.

Un mythe de poignards, un rêve d'âmes fières
Et périlleuses dans l'oubli va s'épuisant ;
Et la geste d'hier aux journaux d'à présent
Nourrit l'abjection des pages policières.

Mais braise sous la cendre, au cœur des vains déserts
Persiste encor le feu d'une rose secrète ;
Les voici tout entiers, ces superbes pervers,
Voici le poids soyeux de la dague muette.

La dague du rival ne peut aux sombres bords
Les assigner ; non plus le temps, cette autre dague ;
Au destin le Tango les dispute, et sa vague
Puissante nous ramène et ranime ces morts.

Il vivent dans ta gracieuse réticence,
Guitare enchevêtrée, et dans ces *milongas*,
Dans ces jeunes tangos où tu nous prodiguas
D'un courage oublié la fête et l'innocence.

Chevaux, lions de bois, vous m'apportez l'écho,
Circuits jaunes aux terrains vagues de village,
Des tangos d'Arolas, des tangos du Greco
Que l'on dansait sur les trottoirs de mon jeune âge

Entre hommes noirs à hauts talons. L'instant exquis
Émerge sans passé, sans futur, insolite ;
Il a le goût de ce qui fuit et se délite,
De ce qu'on a perdu, perdu puis reconquis.

Dans les accords prévus passent d'antiques choses :
L'autre patio, la treille entrevue et le nard
Dans la brise ; et ces murs aux ombrageuses roses
Où le Sud cache sa guitare et son poignard.

Un vif démon, une arabesque, un incendie
A nos jours affairés lance un défi trop sûr.
Nous durons moins que la légère mélodie :
L'homme est poussière et temps ; la musique est temps
    pur.

Le tango, pourvoyeur de souvenirs, nous forge
Un passé presque vrai. Dans ce faubourg perdu
C'est moi qu'on a trouvé sur le sol étendu,
Un couteau dans la main, un couteau dans la gorge.

    Ce tango borgésien a de quoi surprendre un Français. Un Argentin aussi.

POÈME DES DONS[1]

A María Esther Vázquez.

Que nul n'aille penser que je pleure ou t'accuse,
Mon Dieu : la place est juste où ta main me conduit.
Un dessein magistral, une splendide ruse
Me donne en même temps les Livres et la Nuit.

Illettré, je régis une ville de livres,
Ironique présent à des yeux effacés
Tout juste bons pour les chapitres insensés
Qu'en rêve à leur désir, aube noire, tu livres.

Ô biens tant prodigués, ô biens sitôt perdus,
Trop actuel exil, élusive patrie !
Ils ne sont pas plus loin de moi, plus défendus,
Les manuscrits brûlés au feu d'Alexandrie.

De faim, de soif, parmi l'eau vive et les jardins
Mourait un roi, raconte une légende grecque ;

---

1. Vers l'époque où Borges fut nommé directeur de la Bibliothèque nationale de Buenos Aires, ses troubles visuels s'aggravèrent ; ils devaient aboutir à une cécité quasi complète. L'un de ses prédécesseurs à ce poste, Paul Groussac, avait été dans le même cas.

Je vais sans but, lassant de mes pas incertains
Ta creuse masse aveugle, ô ma Bibliothèque.

L'Orient, l'Occident, l'humain et le divin,
Traités, siècles, atlas, syntaxes, tyrannies,
Signes, fatalités, cosmos, cosmogonies,
Tout cela tes rayons me l'offrent – mais en vain.

Lent dans l'ombre, je vais d'une canne indécise
Cherchant le mur, suivant la plinthe et ses biais :
Jadis, quand je pensais à la terre promise,
C'est une bibliothèque que je voyais.

Qui veut cela ? Non le hasard ; mais une algèbre
Mystérieuse où s'équilibrent deux destins.
Déjà quelqu'un, au fond des vieux temps indistincts,
Reçut les livres par milliers et la ténèbre.

Gagné d'horreur sacrée au fil des lents couloirs,
Parfois je doute, brouillant l'ordre et la limite,
Si, les pas dans les pas le long des mêmes soirs,
C'est moi qui suis le mort ou si le mort m'imite.

Un ombre seule, un moi double – quelle est ma part
Dans ce rêve ? Quel est l'auteur de ce poème ?
Mais qu'importe le mot qui marque le départ :
Unique est le décret, indivis l'anathème.

Borges, Groussac peut-être... Un homme au front pâli
Sent sur ce monde aimé la vague nuit descendre ;
Tout s'éteint et se trouble et devient une cendre
Indécise, couleur de temps, couleur d'oubli.

LE SABLIER

Il est juste que l'homme ait choisi pour te lire
L'ombre dure d'une colonne sous l'été ;
Il est bon que ce soit par l'eau qu'il t'ait compté,
Par ce fleuve où le Grec voyait notre délire,

Ô temps – puisque aussi bien du temps et de l'humain
Toutes deux sont les sœurs : cette ombre impondérable
Que le jour guide, et la rivière irréparable
Qui suit, autre et pourtant la même, son chemin.

Beaux compas, non les seuls. Avec les ans, l'histoire
Au hasard des déserts trouvait un nouveau corps,
Douce et lourde matière, et que l'on pourrait croire
Faite à dessein pour mesurer le temps des morts.

C'est ainsi qu'ornement des lents dictionnaires
Naquit un jour le variable sablier,
Petit engin allégorique et familier
Fait pour rejoindre un jour, chez les gris antiquaires,

Tout un monde cendreux : le santal d'Orient
Que mordit l'opium, la lunette embrumée,
L'asymétrique fou, l'alfange désarmée,
Et la poussière et le hasard et le néant.

Lugubre emblème, devant toi qui ne s'arrête ?
Dürer nous a légué son solennel effroi
Devant ce moissonneur, cet intendant, ce roi
Au sablier en marche, à la faux qui s'apprête.

Il me séduit pourtant, le flot minutieux
Que distille et que perd le pic d'un cône inverse,
Or graduel qui se détache, et gracieux
Dans son monde concave et luisant se déverse.

Le sable glisse et cède, et je suis son déclin ;
Lorsque au dernier instant la masse l'abandonne,
Je crois sentir dans sa chute qui tourbillonne
La hâte d'un désordre étrangement humain.

Un autre sablier comprend l'homme et les ères ;
Le temps du sable coule et dure, illimité ;
Ainsi sous ton bonheur, ainsi sous tes misères
Va s'abîmant l'invulnérable éternité.

Rien ne peut entraver cette fuite inlassable.
C'est moi qui saigne, non le cristal traversé.
Par un rite éternel le sable déplacé
Se consume ; et mes jours s'en vont avec le sable.

Dans ces instants redits, dans ce cycle compté
Je crois lire le temps cosmique et son histoire :
Tout ce qu'ont enfermé les miroirs de Mémoire
Et tout ce qu'a dissous le magique Léthé.

Les deux piliers de Jéhovah, l'étroite guerre
De Rome et de Carthage, et le Magicien
Scandalisant les Saints, et les sept pieds de terre
Qu'offre le roi saxon au roi norvégien[1],

---

1. Le roi saxon est Harold II et le roi norvégien Harald III. On trouvera
l'épisode, à quoi Borges fait de fréquentes allusions dans son œuvre,
raconté tout au long et commenté dans *La Pudeur de l'histoire*, un des
derniers essais d'*Otras inquisiciones* (« Enquêtes »).

Rien que n'entraîne un mince fil inépuisable,
Rien qu'un nombreux abîme hésite à dévorer.
Moi le hasard, moi la matière méprisable,
Moi l'impur fils du temps, que pourrais-je espérer ?

ÉCHECS

I

Ils sont seuls à leur table austère. Le tournoi
Alterne ses dangers ; lentes, les pièces glissent.
Tout au long de la nuit deux couleurs se haïssent
Dans le champ agencé qui les tient sous sa loi.

Radieuse magie où joue un vieil effroi,
Des destins rigoureux et parés s'accomplissent :
Reine en armes, brefs pions qui soudain s'anoblissent,
Fou qui biaise, tour carrée, ultime roi.

Le rite se poursuit. Il reste ; il faut qu'il reste
Même si le pied branle à la table déserte,
Même quand les joueurs seront cherchés en vain.

Le profond Orient nous légua cette guerre
Dont la flamme aujourd'hui fait le tour de la terre ;
Et comme l'autre jeu, ce jeu n'a pas de fin.

II

Tour droite, fou diagonal, reine acharnée,
Roi vulnérable, pions qu'achemine l'espoir,
Par les détours fixés d'un ordre blanc et noir
Vous cherchez, vous livrez la bataille obstinée.

Mais qui de vous sent sa démarche gouvernée ?
La main ni le joueur, vous ne sauriez les voir ;
Vous ne sauriez penser qu'un rigoureux pouvoir
Dicte votre dessein, règle votre journée.

Le joueur, ô Khayam ! est lui-même en prison,
Et c'est un échiquier que l'humain horizon :
Jours blancs et noires nuits, route stricte et finie.

La pièce se soumet à l'homme, et l'homme à Dieu.
Derrière Dieu, qui d'autre a commencé ce jeu
De poussière, de temps, de rêve, d'agonie ?

LES MIROIRS

Moi qui tremblais devant les miroirs – qui tremblais
Et qui tremble – et non pas devant la seule glace
Abyssale où finit et commence un espace
Inhabitable, un faux univers de reflets,

Mais encor devant l'eau, devant l'écho lucide
Qui d'un ciel plus profond imite l'autre ciel,
Reflet soudain rayé par le vol irréel
D'une hirondelle inverse ou que brouille une ride ;

Moi qu'inquiète jusqu'au meuble aux flancs polis,
Jusqu'au fil de l'ébène et ce subtil silence
Où parfois glisse comme un rêve et se balance
Une vague blancheur de marbres ou de lis,

Je me demande encore, après maint jour et mainte
Nuit perplexe sous la variété des cieux,
Par quel hasard étrange ou quel vouloir des dieux
Tout miroir me saisit de malaise et de crainte.

Miroirs d'argent, miroirs masqués, miroirs fardés ;
Vieux miroir d'acajou, captieux crépuscule
Dont le sang vaporeux enveloppe et module
Des regards regardants, mais aussi regardés,

Multipliant la vie à la façon de l'acte
Génital, fous du Même, esclaves du Pareil,
Je les vois infinis, sans pitié, sans sommeil,
Exécuteurs élémentaires d'un vieux pacte.

Ils vont, vertigineux rets d'aragne, aggravant
Le devenir confus de l'inutile terre.
Interrogés aux soirs d'hôpital ou de guerre,
Quelquefois les ternit l'haleine d'un vivant.

Je suis connu, je suis guetté. Que l'un des quatre
Murs de ma chambre porte un miroir, il suffit :
Je ne me sens plus seul. Il me voit, il me vit ;
Il prépare pour l'aube un étrange théâtre.

Telle, écrins de cristal, est votre double loi :
Dans vos limites tout survient, rien ne demeure.
Ce gaucher prend ma chaise ; un rabbin tout à l'heure
Lira de droite à gauche ; et tous les deux, c'est moi.

Claudius, roi rêvé, rêvait son heure brève ;
Mais un comédien, mimant sa trahison,
Par le geste sans voix lui rendit la raison :
Claudius sut que Claudius n'était qu'un rêve.

Quoi ? Nos frustes destins seraient-ils incomplets
Sans rêves, sans miroirs ? L'usuel répertoire
Quotidien exigeait-il cet illusoire
Et profond univers que tissent les reflets ?

Et pourtant cette insaisissable architecture,
Fille de la lumière et fille de la nuit,
Désordre qui m'avoue ou forme qui me suit,
Il se peut qu'un projet s'attache à sa nature.

Penser aux rêves, aux miroirs, penser à soi
C'est tout un. Dieu les a chargés de ce message
Que nous sommes reflet, impermanente image
Et vanité. Nous font-ils peur ? Voilà pourquoi.

ELVIRA DE ALVEAR

Il ne lui manqua rien, mais tout ce qu'elle avait
La quitta lentement. Nous l'avions vue armée
De grâce ; les matins et la force du jour
Lui montrèrent du haut de son balcon les beaux
Royaumes d'ici-bas, que les soirs effacèrent.
La faveur du destin, cette chaîne de causes
Qui se nomme toujours et partout, lui donna
La fortune par quoi s'annulent les distances
Comme par le tapis volant des nuits arabes,
Et qui confond désir avec possession,
Et le don du poème, où la douleur réelle
Se transforme en musique, en rumeur, en symbole.
Elle avait la ferveur, elle avait dans les veines
La bataille d'Ituzaingó, pesants lauriers ;
Elle prenait plaisir à s'égarer au fil
Du temps errant, rivière autant que labyrinthe ;
Elle aimait les couchants et leurs lentes couleurs.
Toutes les choses la quittèrent, hormis une.
Toujours à ses côtés jusqu'au bout du voyage
Elle garda la généreuse courtoisie :
Par delà le délire, aux bords mêmes de l'ombre.
On aurait presque dit un ange. D'Elvira
Ce que je vis d'abord, jadis, c'est le sourire ;
Et son dernier adieu fut un sourire aussi.

SUSANA SOCA

Se perdre au fil de la complexe mélodie
Lui plut ; et du poème, univers curieux.
Avec un lent amour, elle suivait des yeux
L'aventure parfois du soir qui s'incendie.
On lui connut de délicates passions :
La limite, le choix différé, le scrupule.
Non le rouge foncier, mais le gris qui module
Tissait sa vie experte en hésitations.
Elle suivait de loin, sans désir et sans crainte,
Les formes du présent, la course, le fracas ;
Telle la dame au fond de son miroir, ses pas
Jamais n'entrèrent au perplexe labyrinthe.
Un dieu la dévora que nul ne prie – un dieu
Qu'on pourrait nommer Tigre et qui se nomme Feu[1].

1. Susana Soca mourut dans un accident d'avion.

LA LUNE

On raconte qu'un homme, au cours de cette histoire
Du monde où tant d'événements se sont passés
– Parfois vrais, parfois faux, parfois controversés –
Fit le projet d'un gigantesque répertoire

Qui, dans un livre écrit, chiffrât tout l'univers.
Fruit du désir, de la constance et du génie,
L'œuvre démesurée était enfin finie ;
L'homme avait aiguisé, chanté, le dernier vers.

Il allait rendre grâce à l'heureuse fortune
Lorsque, levant les yeux vers le ciel constellé,
Il vit un disque blanc et comprit, accablé,
Qu'il avait oublié tout bonnement la lune.

L'histoire ci-dessus est pure invention,
Mais je crois qu'elle illustre assez le maléfice
Qui menace tous ceux dont le bizarre office
Est de changer en mots notre condition.

On manque chaque fois l'essentiel. C'est une
Loi de tous nos discours sur la divinité :
Je ne saurais soustraire à la fatalité
Ce récit de mon long commerce avec la lune.

Vous dire où je la vis tout d'abord ? Je ne puis :
Etait-ce au ciel antérieur de la doctrine
Grecque, ou dans mon patio, quand la clarté décline,
Dessinant mon figuier et mesurant mon puits ?

L'existence n'est pas toujours habituelle :
Il lui prend d'être belle, un jour parmi les jours.
C'était en juin, jadis ; vous étiez mes amours ;
Nous regardions à deux la lune mutuelle.

Mais je dois avouer que les lunes des vers
Plus que celles des airs occupent ma mémoire :
Lune qu'en vil dragon muèrent les enfers,
Lune de Quevedo, rouge chiffre de gloire[1].

Couverte d'un sang noir, l'Evangéliste urgent
Vit la lune grossir le concert des féroces
Prodiges et des jubilations atroces ;
Mais Virgile ressemble à ses lunes d'argent.

Pythagore écrivait avec du sang sur une
Plaque polie et, fait rarement contesté,
Ses disciples lisaient le texte reflété
Dans cet autre miroir qu'est la céleste lune.

Un loup géant habite une forêt de fer ;
Son étrange destin est dicté par la rune :
Il est chargé d'abattre et de tuer la lune
Quand la dernière aurore incendiera la mer.

(Ainsi l'entend le Nord, et le Nord sait prédire ;
Il nous apprend aussi qu'au jour fixé nos ports
Et nos mers seront infestés par le navire
Fait avec les cheveux et les ongles des morts.)

A Genève, jadis, pensant que la Fortune
Me décernait le don de chanter et de voir,

1. Cf. *A un vieux poète*, p. 137.

Je me crus aussitôt le tacite devoir
Pour la millième fois de définir la lune.

Faisant le tour des variantes, je peinais
Des pervenches d'avril aux brumes de novembre,
Inquiet que quelqu'un – Laforgue ? Lugonès ? –
N'eût déjà mis la main sur le sable ou sur l'ambre.

Des lunes de fumée ou d'ivoire ancien,
Que blanchit la pudeur, que le gel pétrifie,
Illustrèrent des vers qui, l'on s'en doute bien,
Echappaient aux honneurs de la typographie.

Le rouge Adam parmi les vergers d'autrefois
Inventait le langage : un poète est cet homme,
Me disais-je, par qui toute chose se nomme
Pour la première, exacte et véritable fois.

Arioste plaçait la caduque espérance
Dans la lune douteuse, et le rêve insaisi,
Et le temps qui se perd : tout le possible, ainsi
Que l'impossible – mais qui voit la différence ?

La Diane d'Apollodore m'apparut,
Chien, cheval, sanglier, triple forme magique ;
Et la faucille d'or que questionne Ruth,
Et la lune de l'Irlandais, noire et tragique.

Et tandis que passaient sur mes jeunes saisons
Tant de lunes d'histoire et de mythe et de geste,
Notre lune à nous tous, primitive et céleste,
Brillait quotidienne au-dessus des maisons.

Pour la nommer il est mille façons plus une,
Mais un seul mot parvient à la qualifier
Pleinement. Le secret, je crois, est d'employer
Ce mot avec humilité. C'est le mot *lune.*

Pure apparition, c'est la dernière fois
Qu'elle devra subir ma louange inutile ;
Je la sens trop mystérieuse et trop facile,
Trop incommensurable à l'effort de ma voix.

Je suis sûr que la lune, ou que ce mot : *la lune,*
Est un signe, une lettre imaginée exprès
Pour la complexe écriture de cette très
Etrange chose : nous – innombrable mais une.

C'est un symbole parmi d'autres, c'est un don
Du hasard illisible ou de l'ample harmonie
Pour qu'en son jour de haute gloire ou d'agonie
L'homme puisse signer son véritable nom.

LA PLUIE

Brusquement s'éclaircit le ciel embarrassé :
Il pleut enfin. Le flot minutieux arrose
Ma rue. Ou l'arrosa. La pluie est une chose
En quelque sorte qui survient dans le passé.

Je l'écoute ; à sa voix, dans le soir remplacé,
Tout un temps bienheureux s'entrouvre et se propose :
Le temps qui m'enseigna le parfum de la rose
Et l'étrange couleur du rouge courroucé.

La rafale qui bat aux vitres aveuglées
Réjouira les noirs raisins et les allées
Poudreuses d'un jardin qui n'est plus, vers le bord

Indécis d'un faubourg. A travers la durée,
L'heure humide m'apporte une voix désirée :
Mon père est là, qui revient et qui n'est pas mort.

À L'EFFIGIE D'UN CAPITAINE
DES ARMÉES DE CROMWELL

Ni Mars ne te fera trembler, ni ses murailles,
Toi qu'Asaph et David élèvent vers les cieux ;
Une autre flamme – un autre siècle – par ces yeux
Nous regarde, qui regardèrent les batailles.
Ta main serre une épée encor prête au rival.
Par les forêts et par les prés passe la guerre ;
En scrutant la pénombre on verrait l'Angleterre,
Ton étape, ton camp, ton devoir, ton cheval.
Capitaine, victoire et vertu sont mensonge.
Il est vain, ton harnais ; il est vain, le tourment
De l'homme, dont le terme est un jour seulement.
Tout est fini depuis longtemps, tout n'est que songe.
Le fer qui doit t'abattre est rongé de sel roux ;
Et ton néant ressemble à celui de nous tous.

À UN VIEUX POÈTE

Tu marches à travers la plaine de Castille
Et tu ne la vois pas, ou presque. Ton souci
C'est un verset de Jean, retors et raccourci.
Devant toi, mais sans toi, le couchant fauve brille.
Un flamboiement confus délire dans le soir ;
Mais bientôt au levant surgit et se dilate
Une lune d'affront, d'opprobre et d'écarlate –
L'Ire du Ciel peut-être en son juste miroir.
Levant les yeux, tu la regardes. Quelque chose
Qui vient de toi, qui veut te parler mais qui n'ose,
Passe et s'éteint. Qu'était-ce donc ? Le soir descend.
Tu poursuis ton chemin, baissant ta pâle tête,
Sans retrouver ton vers, inutile poète :
Il eut pour épitaphe une lune de sang.

Le vers qui échappe à la mémoire de Quevedo termine les quatrains
d'un de ses plus célèbres sonnets. Il est question de ce vers dans l'essai de
Borges sur Quevedo (*Otras inquisiciones* – « Enquêtes ») : nous ne devons
y voir qu'un *objet verbal* et *il est préférable d'ignorer que cette lune en sang
n'est autre que l'emblème des Turcs, éclipsé par je ne sais quelles pirateries
de don Pedro Téllez Girón.*

137

L'AUTRE TIGRE

And the craft that createth a semblance.

MORRIS,
Sigurd The Volsung, 1876

C'est le soir, et je rêve un tigre. La pénombre
Exalte la bibliothèque studieuse :
Ses rayons semblent reculer. En ce moment,
Fort, innocent, ensanglanté, nouveau, le tigre
Traverse sa forêt et son vaste matin.
Ses pas laissent leur trace aux berges limoneuses
D'un fleuve qui pour lui n'a pas de nom – son monde
Est sans paroles, sans passé, sans avenir ;
Il est la certitude et l'instant. Le voici
Qui s'apprête à franchir des distances barbares ;
Il détresse le vent, labyrinthe d'effluves,
Distingue dans l'odeur de l'aurore l'odeur
Délectable du cerf. Ses rayures s'ajoutent
A celles du bambou ; je pressens l'ossature
A travers la splendeur vibrante de la peau.
C'est en vain qu'entre nous les océans convexes
Et les déserts de la planète s'interposent.
Du fond de ma maison, dans ce port reculé
D'Amérique du Sud, je te suis et te rêve,
Tigre des bords du Gange.

                    Et le soir a gagné
Mon âme, et j'interroge un tigre vocatif
Qui n'est plus dans mes vers que symbole et pénombre,
Qu'une succession de tropes littéraires,
Qu'une image puisée aux encyclopédies ;
Non le tigre fatal, non l'omineux joyau
Qui va, sous le soleil ou la diverse lune,
Poursuivant aux forêts de l'Inde ou du Bengale
Sa routine d'amour, de loisir et de mort.
J'oppose au tigre symbolique le vrai tigre
Dont le sang brûle, qui décime les troupeaux
De buffles, qui ce jour, 3 août 59,
Allonge sur le pré la lenteur de son ombre.
Mais le nommer déjà suffit à l'écarter ;
La conjecture des circonstances le fausse.
Il n'est que fiction de l'art ; il n'est plus vie,
Il n'est plus créature aux chemins de la terre.

Chercherons-nous un autre tigre, le troisième ?
Mais il sera toujours une forme du rêve,
Un système de mots humains, non pas le tigre
Vertébré qui, plus vieux que les mythologies,
Foule la terre. Je le sais – mais quelque chose
Me commande cette aventure indéfinie,
Ancienne, insensée ; et je m'obstine encore
A chercher à travers le temps vaste du soir
L'autre tigre, celui qui n'est pas dans le vers.

BLIND PEW

Le boucanier, privé des beautés de la guerre
Et de la mer – l'amour vante ce qu'il perdit –
Fatiguait à présent, nostalgique bandit
Aveugle, les chemins poudreux de l'Angleterre.
Aboyé par les chiens des métairies, chassé
A coups de pierres par les garçons des écoles,
Partout moqué, l'abri ténébreux des rigoles
Lui tendait un sommeil infirme et crevassé.
Mais il rêvait qu'aux îles d'or, intarissable,
Un trésor l'attendait sous le secret du sable,
Et l'espoir soulageait les offenses du sort.
Toi-même, ton trésor, le plus sûr de tes rêves,
T'attend incorruptible au fond secret des grèves,
Et c'est la vaste et vague et nécessaire mort.

ALLUSION À UNE OMBRE
DES ANNÉES QUATRE-VINGT-DIX

Rien. Seulement le couteau de Muragne.
Rien qu'un destin tronqué sous le ciel bas.
Sais-je pourquoi dans les soirs m'accompagne
Cet assassin que je ne connais pas ?
Palerme était moins haut. Longtemps la zone
Dure – poussière et poteaux – s'étala
Sous la prison, longue muraille jaune ;
Et le couteau sordide allait par là.
Le couteau reste, et non ce qui l'entoure.
Ce mercenaire à l'austère métier,
Marchand de mort et loueur de bravoure,
N'est plus qu'une ombre et qu'un éclair d'acier.
Ternis le marbre et ronge la montagne,
Ô temps ! mais sauve un beau nom : Jean Muragne.

ALLUSION À LA MORT
DU COLONEL FRANCISCO BORGES

Je te laisse à cheval, je te laisse à cette heure
Moitié jour, moitié nuit, où tu cherchas la mort.
Prenne l'oubli les autres heures de ton sort ;
Celle-ci, d'amertume et de gloire, demeure.
Pour mieux se détacher sur le ciel indécis,
Il monte un cheval blanc, se vêt de blanche laine.
Tristement, Francisco Borges va par la plaine ;
La patiente mort guette au fond des fusils.
Ce qui le cerne, le tumulte et la mitraille,
Ce qu'il voit, la Pampa sans bornes tout autour,
C'est ce qu'il entendait et voyait chaque jour.
Il est là dans son ordinaire : la bataille.
Je le laisse dans son héroïque univers
Et dans sa gloire à peine atteinte par mes vers.

IN MEMORIAM A.R.[1]

Le hasard vague ou la précise loi
Par quoi s'ordonne un monde dont je doute
M'auront fait faire un charmant bout de route,
Cher Alfonso Reyes, auprès de toi.

Tout comme Ulysse ou le Sindbad des Mille
Plus Une Nuits, tu parvenais fort bien
A faire d'un pays presque le tien ;
Presque – car tout à fait, c'est difficile.

Si te frappait le métal violent,
La flèche d'or par Mémoire forgée,
Tu lui rendais la romance affligée ;
L'alexandrin aussi, nombreux et lent.

Lassé du Cid, romancero vieillot,
Ou de la gent qui tente d'être obscure,
Tu suivais jusqu'aux faubourgs de l'argot
L'évasion de la littérature.

Les cinq jardins embaumés du Marin[2]
Te retenaient ; mais en toi quelque chose
D'essentiel préférait à la rose
L'étude ardue et le devoir divin.

1. Alfonso Reyes, écrivain mexicain.
2. Le *Cavalier* Marin.

Pour mieux parler, les jardins de Porphyre
Seuls te plaisaient, méditatifs jardins
Où perce l'ombre et chasse le délire
Votre arbre auguste, ô Principes, ô Fins.

La précautionneuse Providence
Distribue en sage administrateur
Le peu, le trop : un tel a le secteur
Ou l'arc ; Reyes eut la circonférence.

Tu cherchais sous les frontispices, sous
Les majestés, le bonheur ou la peine ;
Tu voulus, tel le Dieu de l'Erigène,
N'être personne afin d'être nous tous.

Précise rose au splendide mystère,
Ton style fut délice, algèbre et feu ;
Par toi revint aux batailles de Dieu
Ta vieille race et son sang militaire.

Mais aujourd'hui, que fait le Mexicain ?
Contemple-t-il, avec l'horreur d'Œdipe
Devant le sphinx étrange, l'Archétype
Figé de la Figure ou de la Main ?

Connaîtrait-il – comme il est manifeste
Pour Swedenborg – un néant plus complet
Et plus vivant, haut grimoire céleste
Dont le nôtre est à peine le reflet ?

Mais si j'en crois l'Empire qui laqua
L'ébène, le Paradis est mémoire :
Tu dus songer à ravir dans ta gloire
Et ton Mexique et ta Cuernavaca.

Dieu seul connaît les couleurs qu'il propose
A l'homme après le voyage et le port ;

Je marche encore ici-bas. Sur la mort
Pour le moment j'entrevois peu de chose.

Je sais ceci pourtant : où que tu sois,
Tu ne crois pas ta mission finie ;
Et tu nourris ton heureuse insomnie
De l'autre énigme et des nouvelles lois.

Que notre hommage, homme impair et divers,
Soit le laurier, la clameur de Victoire ;
Et que nul pleur ne profane le vers
Que notre amour élève à ta mémoire.

LES BORGES

Sur les Borges, sur mes ancêtres de la ligne
Portugaise, je ne sais rien. De leur vigueur,
De leurs craintes, de leurs façons, de leur rigueur,
Ma chair obscurément garde-t-elle le signe ?
Ils s'effacent au fil d'un horizon pâli ;
Nulle forme, nul art ne fixa leur mystère.
S'ils persistent, c'est à la façon de la terre,
Par les nuits et les jours, par le temps, par l'oubli.
C'est bien ainsi, c'est mieux. Leur tâche terminée,
Ils sont le Portugal : il sont ta destinée,
Grand peuple par le sable et la nef, dont l'effort
Défonça l'Orient et peupla l'Atlantique.
Ils sont ce roi perdu dans le désert mystique ;
Ils sont ce roi qui, mort, jure qu'il n'est pas mort.

À LUIS DE CAMOENS

Sans colère, mais sans pitié, le temps égal
Rouille le libre fer. Pauvre, l'âme meurtrie,
Tu retournes dans ta nostalgique patrie,
Capitaine ; tu viens mourir au Portugal
Qui meurt en toi. Sa fleur se perd ; la plaine verte
Cède au désert magique, et s'emplit d'un noir vol.
L'étranger s'est repris ; déjà l'âpre Espagnol,
Jadis défait, ronge ta hanche découverte.
L'Occident, l'Orient, la bannière, l'effort,
Tu croyais tout perdu. Mais à l'ultime bord
Parvenu, tu compris peut-être, humble et lucide
Devant ta gloire, ce qu'elle avait préservé
Des changements humains ; tout ce qu'avait sauvé
Du temps, et pour le temps, ta nouvelle Enéide.

MIL NEUF CENT VINGT
ET QUELQUES

La roue des astres n'est pas infinie
Et le tigre est une des formes qui reviennent,
Mais nous, loin du hasard et de l'aventure,
Nous nous croyions exilés à un temps épuisé,
Le temps où rien ne peut arriver.
L'univers, le tragique univers, n'était pas ici
Et il fallait bien le chercher dans le passé ;
J'ourdissais une humble mythologie de petits murs et de
    couteaux
Et Ricardo[1] pensait à ses gardians.
Nous ne savions pas que l'avenir enfermait la foudre,
Nous n'avions pas pressenti l'opprobre, l'incendie et la
    terrible nuit de l'Alliance ;
Rien ne nous disait que l'histoire argentine allait descen-
    dre dans la rue[2],
L'histoire, l'indignation, l'amour,
Les foules comme la mer, le nom de Córdoba,
La saveur du réel et de l'incroyable, l'horreur et la
    gloire.

---

1. Ricardo Güiraldes, écrivain argentin, auteur notamment de *Don Segundo Sombra.*
2. Allusion à la révolution de 1955.

ODE COMPOSÉE EN 1960[1]

Le clair hasard ou les indéchiffrables lois
Par quoi ce rêve, mon destin, est gouverné
Veulent, ô nécessaire et suave patrie,
Qui non sans gloire et non sans opprobre parviens
A l'âge courageux de cent cinquante années,
Que je m'adresse à toi, rivière, moi la goutte,
Que je te parle, ô Permanence, moi l'instant ;
Et que pour cet intime entretien je recoure,
Comme il est usuel, à la pénombre, aux rites
Préférés par les dieux, à la pudeur du vers.

Je te sens, ma patrie, aux ruineux couchants
Des faubourgs vastes, et dans la fleur de chardon
Que le vent des pampas laisse au seuil du patio,
Et dans la chute patiente de la pluie,
Et dans les lentes habitudes des étoiles ;
Dans la main tâtonnant l'accord d'une guitare,
Et dans le poids de la plaine, que notre sang
Sait pressentir de loin, comme l'Anglais la mer ;
Dans un caveau pieux par l'urne et le symbole,
Dans les jasmins, dans leur parfum rendu d'amour ;
Dans un cadre en argent, dans le frôlement doux
De l'acajou silencieux, dans la saveur
De tes chairs, de tes fruits, et dans le drapeau blanc

1. L'Argentine conquit son indépendance en 1810.

Et presque bleu d'une caserne, dans des contes
De coins de rue et de couteaux, et dans les soirs
Egaux qui vont passant et nous abandonnant,
Et dans le souvenir obscur et souriant
De grands patios remplis d'esclaves qui portaient
Le même nom que leurs maîtres, et dans les pauvres
Feuilles de ces livres en caractères braille
Que dispersa le feu, dans le déluge épique
De ce septembre inoubliable – mais ces choses
Sont tes modes à peine, à peine tes symboles.

Mon pays n'est pas dit par son long territoire,
Non plus par les longs jours de son destin, non plus
Par l'aboutissement d'une somme illisible
De générations. Je ne sais pas la place
Que Dieu lui garde au sein calme des Archétypes
Eternels, mais par ce visage entr'aperçu
Je vis, je meurs et je désire, ô ma patrie,
Ô mon inséparable, ô ma mystérieuse.

ARIOSTE ET LES ARABES

On ne peut pas écrire un livre. Je déclare
Que pour qu'un livre soit, il y faut les levants,
Les nuits, le choc des fers, les plaines et les vents,
Les siècles – et la mer qui joint et qui sépare.

Arioste le sut, dont les lents nonchaloirs
Le portaient à rêver à nouveau de vieux rêves ;
Il le lit à longueur de vie, au fil des grèves,
Parmi les marbres clairs, à l'ombre des pins noirs.

Des siècles durs avaient exténué la terre ;
L'air de son Italie était encore empli
De ces fantômes que la mémoire et l'oubli
Composent à partir des formes de la guerre.

Une colonne franque – hommes, convois, chevaux –
Tombe en une embuscade au sortir de l'Espagne :
Nous en gardons le fer qui navre la montagne
Et la plainte du cor qui meurt à Roncevaux.

Le dur Saxon par l'ost et l'idole brutale
Force le sol celtique ; et du long choc obscur
Si l'histoire est perdue, un rêve reste : Arthur,
Et ses preux entourant la table impartiale.

Fille des durs pays de l'éternel glacier,
De l'aveugle soleil, de l'onde hallucinée,
Une vierge au héros fièrement condamnée
Attend infranchissable au cœur de son brasier.

Le rêve du cheval ailé que le tenace
Enchanteur éperonne, et qui pourfend les airs
Pour se perdre, tout blanc, dans les rouges déserts
D'Occident, nous vient-il de Perse ou du Parnasse ?

Comme porté lui-même aux ailes du coursier
Et survolant joyeux les peuples de la terre,
Arioste partout voyait fleurir la guerre
Et les fêtes du jeune amour aventurier.

Il vit, frais de parfums, attardé de méandres,
Apparaître un jardin sous une brume d'or ;
Il vit pour vos amours, Angélique et Médor,
Le jardin s'ajouter des ombrages plus tendres.

Tels ces charmes qu'en son mirage industrieux
Pour l'Inde ou pour Cathay l'opium développe,
Tels les soudains abus du kaléidoscope,
Un désordre d'amours brûle le Furieux.

L'amour, il le connut lui-même, et l'ironie ;
S'il se laissait aller à rêver la splendeur,
Il la savait un rêve, et parait de pudeur
Son château couronnant la cime indéfinie.

Poète, il jouissait de dons déconcertants :
Pour ses égaux, que Dieu protège ou la Fortune,
Il n'est pas malaisé de marcher sur la lune
Et sur les routes de Ferrare en même temps.

Reliefs et sédiments, persévérante empreinte,
Alluvions qu'au long des jours laisse le Nil
Des rêves, ce fut là sa matière, le fil
Dont il tissa cet éblouissant labyrinthe,

L'âme de ce joyau san fin, de cette mer
Où depuis lors, au gré de la chantante rime
Et du nombre indolent, le voyageur s'abîme
Au-delà de son nom, au-delà de sa chair.

Il chantait les vieux temps d'une Europe en détresse.
Par la candeur et la malice de son art,
Milton pouvait pleurer la mort de Brandimart
Et Dalinda perdue et perdant sa maîtresse.

Et vers les bords perdus et repris, galions
Étrangement chargés, cinglaient de nouveaux rêves ;
Ils venaient d'Orient, de ses brûlantes grèves,
De ses déserts, de ses nuits lourdes de lions.

Au couteau sans pitié, dès la nouvelle aurore,
Un roi triste livrait ses reines d'une nuit :
D'un récit merveilleux mille fois reconduit
Plus une, un livre est né qui nous enchante encore.

Monts magnétiques dont les baiser étouffants
Mettent en pièces les navires ; larges ailes
Déployant la soudaine nuit ; serres cruelles
Par quoi ravis au ciel volent les éléphants ;

Sur le dos d'un taureau terres et mers assises,
Un poisson supportant le taureau ; talismans,
Sorts, abracadabras, gouffres de diamants
Qu'ouvrent dans le granit les syllabes précises :

Ces merveilles suivaient les Sarrasins pendant
Qu'ils suivaient Agramant aux Méditerranées ;
Ces songes de vagues têtes enturbannées
D'une vaste mainmise étonnaient l'Occident.

Et le Roland n'est plus qu'une suite sans trêve
De souriants paysages inhabités,

De délires oisifs, de prodiges quittés :
Un rêve désormais que personne ne rêve.

L'islamisme l'a pris, l'a réduit, l'a pâli ;
Le voici document, événement, histoire ;
Le voici seul, rêvant sa gloire. Mais la gloire
Qu'est-ce, sinon l'une des formes de l'oubli ?

Par la vitre tardive effleure le volume
Une nouvelle fois la fin d'un soir d'été ;
Et l'or avantageux par la tranche affecté
Une nouvelle fois s'embrase et se consume.

La salle s'est vidée. Il fera bientôt nuit,
Et le livre muet poursuit ses longs voyages.
Derrière lui restent les flots, les vents, les âges,
Le jour, l'ombre – et ma vie, ô rêve qui s'enfuit.

AVANT D'ENTREPRENDRE
L'ÉTUDE DE LA GRAMMAIRE
ANGLO-SAXONNE

Au bout de cinquante générations
(Le temps nous dispense à tous de semblables abîmes)
Je retrouve, sur le bord le plus éloigné d'un grand fleuve
Que n'atteignirent pas les dragons du viking,
Les âpres et laborieuses paroles
Que, d'une bouche à présent devenue poussière,
Je prononçais aux jours de Northumbrie et de Mercie,
Avant d'être Haslam ou Borges.
Nous avons lu samedi que Jules le César
Fut le premier à venir de Romeburh pour subjuguer la
    Bretagne ;
Avant le retour des grappes j'aurai écouté
La voix du rossignol de l'énigme
Et l'élégie des douze guerriers
Qui entourent le tertre funéraire de leur roi.
Comme des symboles d'autres symboles, comme des va-
    riations
De l'anglais ou de l'allemand futurs m'apparaissent ces
    mots
Qui certain jour furent des images
Et dont un homme se servit pour célébrer la mer ou une
    épée ;
Demain les images revivront,
Demain *fyr* ne sera plus *fire* mais cette sorte
De dieu changeant et apprivoisé

Qu'il n'est donné à personne de regarder sans un ancien
    étonnement.
Loué soit l'infini
Labyrinthe des effets et des causes
Qui avant de me présenter le miroir
Sans visage ou avec le visage d'un autre,
M'accorde cette pure contemplation
D'un langage de l'aube.

LUC, XXIII

Qu'était-il : juif, gentil ? Peut-on le dire ? Non.
Nous ne ramènerons jamais du fond des âges
Son visage perdu parmi tant de visages,
Ni les lettres silencieuses de son nom.

Disons un homme, simplement. Pour son idée
De la clémence, ce devait être, je crois,
Celle que peut s'en faire un bandit de Judée
Qu'on se propose de clouer sur une croix.

Nous possédons sa mort ; sa vie est oubliée.
Il va toucher au but lorsque, sait-on comment,
Il apprend parmi le scandale et la huée
Qu'à ses côtés c'est Dieu qui meurt. Aveuglément

Il crie alors : *Quand vous viendrez dans votre règne,*
Pensez à moi, Seigneur ! Et du haut de la croix,
De la terrible croix qui prononce et qui saigne,
La grâce vient à lui ; l'inconcevable Voix

A répondu : *Ce soir, tu seras dans ma gloire.*
Ils ne disent plus rien jusqu'aux derniers efforts ;
Mais du jour implacable où tous les deux sont morts
Les hommes à jamais garderont la mémoire.

Ô mes amis, l'innocence de cet ami
De Jésus notre Dieu, cette candeur de l'âme
Qui lui valut la gloire éternelle parmi
L'appareil conspué du châtiment infâme,

C'est la même qui tant de fois l'avait jeté
Dans le mal et dans le hasard ensanglanté.

ADROGUÉ[1]

Qu'on me laisse sans crainte au bord des fleurs obscu-
    res :
Il est des nuits que je déchiffrerai toujours.
C'est ici le vieux parc aux tendres impostures ;
C'est ici votre fief, nostalgiques amours,

Et le vôtre, loisirs dans le jour qui décline.
Sans fin va s'éprouvant le trille de l'oiseau
Secret ; voici la pagode et le cercle d'eau,
Le marbre aventureux, l'improbable ruine.

Creuse dans l'ombre creuse où meurent les chemins
S'effondre une remise, hésitante limite
D'un monde fait pour toi, d'un monde qui t'imite,
Paul Verlaine, par la poussière et les jasmins.

Je vous retrouve, invisibles et manifestes
Eucalyptus au vieux parfum pharmacien,
Qui par delà les vagues mots, nommez si bien
Le temps des bourgs, le temps des villas et des siestes.

Voici mon pied posé sur le seuil coutumier,
Voici le sombre trait qui distingue l'attique

1. Villégiature proche de Buenos Aires, où Borges passa de fréquentes
vacances vers les années vingt et trente. L'hôtel ici évoqué s'appelait *Les
Délices*.

Et la terrasse. Au fond de la cour en damier
J'entends goutter le robinet systématique.

Tout au long du couloir qui se coupe et se fuit
Dorment, sous le rempart des illisibles portes,
Ceux qui par ta vertu, visionnaire nuit,
Possèdent le passé, règnent aux terres mortes.

Je connais tout ici : le miroir embrumé
Qui répète à jamais le bloc de pierre grise,
Et sur le bloc de pierre grise, clairsemé,
Le brusque mica sec que la recherche irise ;

La tête de lion mordant l'anneau forgé,
Et le vitrail cher à l'enfant qui ruse et bouge,
Car à son gré, selon le panneau losangé,
Passe un monde tout vert, puis un monde tout rouge.

Tendres objets sans déchéance et sans hasard,
Dont chacun désormais gardera son histoire,
Je ne puis vous toucher – vous êtes autre part,
Votre dimension n'est plus que la mémoire.

Dans mon souvenir seul la verrière et l'enfant,
Le puits, la cour, la fleur, l'oiseau vivent encore.
Le cercle du passé les fixe et les défend,
Temps clos où ne font qu'un le couchant et l'aurore.

Comment ai-je pu perdre – hélas, je le perdis,
Cet ordre délicat d'humbles et chères choses,
Inaccessibles aujourd'hui comme les roses
Qu'à l'homme originel tendait le Paradis.

Mémoire d'Adrogué, fuite et retour de l'heure !
Ton antique stupeur, Élégie, est en moi,
Et je ne sais comment le temps passe ou pourquoi,
Et je passe et je saigne et je passe et je pleure.

ART POÉTIQUE

Voir que le fleuve est fait de temps et d'eau,
Penser du temps qu'il est un autre fleuve,
Savoir que nous nous perdons comme un fleuve,
Que les destins s'effacent comme l'eau.

Voir que la veille est un autre sommeil
Qui se croit veille, et savoir que la mort
Que notre chair redoute est cette mort
De chaque nuit, que nous nommons sommeil.

Voir dans le jour, dans l'année, un symbole
De l'homme, avec ses jours et ses années ;
Et convertir l'outrage des années
En harmonie, en rumeur, en symbole.

Faire de mort sommeil, du crépuscule
Un or plaintif, voilà la poésie
Pauvre et sans fin. Tu reviens, poésie,
Comme chaque aube et chaque crépuscule.

La nuit, parfois, j'aperçois un visage
Qui me regarde au fond de son miroir ;
L'art a pour but d'imiter ce miroir
Qui nous apprend notre propre visage.

On dit qu'Ulysse, assouvi de prodiges,
Pleura d'amour en voyant son Ithaque
Verte et modeste ; et l'art est cette Ithaque
De verte éternité, non de prodiges.

Il est aussi le fleuve interminable
Qui passe et reste, et reflète le même
Contradictoire Héraclite, le même
Mais autre, tel le fleuve interminable.

L'AUTRE

Le Grec nous le dit bien au seuil des seize mille
Hexamètres d'airain : son récit est dicté.
C'est la Muse ou le Feu, c'est la divinité
Qui va chanter pour nous la colère d'Achille.
L'homme n'est rien ; parfois un Autre vient brûler
De sa brusque splendeur une besogne obscure.
De longs siècles après Homère, l'Écriture
Dira que l'Esprit souffle où l'Esprit veut souffler.
Dieu nomme son élu, puis choisit sur sa table
L'outil exquis, le viatique irréfutable :
Milton sent approcher les murs d'un noir enfer ;
Cervantès a perdu son nom et sa patrie.
La mémoire, le temps, l'incorruptible fer,
Voilà le lot de Dieu. Nous avons la scorie.

UNE ROSE ET MILTON

Sans rien qui la distingue ou l'étrange des choses
Qui furent, se consume au fond du temps pâli
Une rose. Je veux la tirer de l'oubli.
Retrouvez cette rose, ô familles des roses.
Donnez-la-moi ; le sort me dispense ce soir
Le privilège de nommer pour la première
Fois cette fleur silencieuse, la dernière
Que rapprocha de son visage, sans la voir,
Milton. Qui que tu sois, rouge, jaune peut-être
Ou blanche rose au cœur d'un jardin effacé,
Je demande qu'un charme écarte ton passé
Et te fasse éclatante en mon vers apparaître
Avec tes ors, tes ivoires et tes carmins,
Ou ta ténèbre – ô ténébreuse entre ses mains.

LECTEURS

L'illustre chevalier castillan qui n'avait que
La peau jaune sur les os secs, on est enclin
A le voir remettant toujours au lendemain
L'aventure, et restant dans sa bibliothèque.
Le vent des moulins gonfle un amas irréel
De défis, de sermons, de lances étourdies ;
Et ce vaste fatras de tragi-comédies,
Don Quichotte le rêve, et non pas don Miguel.
Semblable est mon destin. Je pense à quelque chose
D'immortel et d'essentiel que j'ai laissé
Sur ces profondes étagères du passé
Qui contaient les exploits du Chevalier Morose.
Tournant la page lente, un grave enfant là-bas
Rêve à d'imprécises choses qu'il ne sait pas.

JEAN, I, 14

L'histoire d'Orient nous raconte l'histoire
De ce prince accablé de splendeur et d'ennui
Qui, son palais muet fermé derrière lui,
Soir après soir hantait les vieux faubourgs sans gloire.
Il aimait s'égarer dans la foule ; ces gens
Lui plaisaient, et leurs noms obscurs et leurs mains
    rudes.
Un Autre ainsi se mêle à nos vicissitudes
Humaines. Tel Haroun, tel l'Émir des Croyants,
Dieu prétend aujourd'hui marcher parmi les hommes,
Et naissant d'une mère, être ce que nous sommes,
Poussière qui retourne en poussière. Les Rois
S'inclinent ; il aura le pain, l'eau, le délice
Des matins, l'air, la fleur ; mais enfin le supplice,
La huée et les clous et la pièce de bois.

LE RÉVEIL

Les premières clartés se dessinent. J'émerge
Gauchement de mon rêve au rêve partagé ;
Tout va cherchant sa place et son rôle exigé.
Je m'attends au présent, mais voici qu'y converge
La vaste irruption d'un accablant passé :
Les voyages dictés et cycliques de l'homme
Et de l'oiseau, le feu de Carthage et de Rome,
Et Babel illisible et le Fils transpercé.
Elle revient aussi, ma journalière histoire :
Mon visage, ma voix, mon alarme, mon sort.
Si, quand mon jour viendra, l'autre réveil, la mort,
Pouvait m'offrir un temps sans reste et sans mémoire,
Un temps où tout, jusqu'à mon nom, fût aboli !
Ah, si ce matin-là pouvait être l'oubli !

BUENOS AIRES

Te voici devenue une carte, ma ville –
Où j'épingle l'échec, la honte, le souci.
Sous ce portail tombaient mes soirs mornes ; voici
Le parc où s'épuisait mon attente inutile.
Ici le passé vague et le présent borné
M'offrent mon lot banal d'espérance et de crainte ;
Et chaque heure qui passe ajoute au labyrinthe
Incalculable que mes pas ont dessiné.
C'est ici que cendré de lumière automnale
Chaque soir pense aux fruits que lui doit le matin ;
Ici bientôt cette ombre vaine, mon destin,
Va se fondre en la non moins vaine ombre finale.
Ce n'est pas le bonheur qui nous joint, c'est l'effroi.
Ma ville, si je t'aime tant – voilà pourquoi ?

À QUI N'EST PLUS JEUNE

Le destin t'obéit encor, juste Cassandre,
Et tout est à sa place au tragique tréteau.
Bélisaire a reçu sa pièce, son manteau,
Sa nuit ; Didon trahie a le glaive et la cendre.
Mais dans l'airain brumeux des mètres d'autrefois
Pourquoi chercher encor les pompes de la guerre ?
C'est à toi que l'Anglais offre sept pieds de terre[1] ;
Tout sang brusque est le tien ; ton nom est sur la croix.
Non loin d'ici t'attend, de janvier à décembre,
Le miroir creux qui va rêver, puis oublier,
Ton heure de détresse et ton effort dernier.
Ta fin te guette et t'environne : c'est ta chambre,
Ton bureau, ta soirée au bref et calme cours ;
C'est cette rue en bas que tu vois tous les jours.

1. Voir *Le Sablier* (p. 123), note.

ALEXANDER SELKIRK

Je rêve que la mer, encor la mer, m'enserre ;
Mais je suis délivré dès avant le soleil
Par ces cloches de Dieu qui sonnent le réveil
Et versent leur paix sainte aux champs de l'Angleterre.
Cinq ans de mer, cinq ans où je n'ai possédé
Que le sel, l'infini, le désert, la tempête,
Voilà ma vie – et le récit que je répète
Par les tripots et les tavernes, obsédé.
Enfin Dieu m'a rendu les hommes et le monde,
Les chiffres et les noms, la porte, le miroir :
Je ne suis plus celui qui, si loin qu'il pût voir,
Ne voyait que la mer et sa steppe profonde.
Mais comment leur crier, jamais je n'y parviens,
Que c'est moi, moi ! que je suis là, parmi les miens ?

ODYSSÉE, LIVRE XXIII

La lourde épée en fer, l'arc longtemps relégué
Ont fait leur œuvre de justice et de vengeance.
Par la lance et le dard la misérable engeance
Des prétendants gémit dans son sang prodigué.
Ulysse a retrouvé son royaume et sa reine
A travers les vents gris et le fracas d'Arès,
Malgré la haine du Trident et les agrès
Mis en pièces, malgré le charme et la sirène.
Dans l'amour, dans le lit préservés par la foi,
La claire reine dort sur le cœur de son roi ;
Mais où donc est la mer et la vague qui sonne,
Mais où sont-ils, les jours et les nuits de l'exil,
Et ce destin de chien sans âtre ? Où donc est-il,
Cet homme qui disait qu'on l'appelait Personne ?

LUI

La roche ramassée et la vague poussière,
Ta chair les touche ; tes yeux de chair peuvent voir
L'insupportable éclat du soleil – mais le noir
C'est Lui ; c'est Lui le jaune et c'est Lui la lumière.
Ce qu'Il est, Il le voit. De ses yeux incessants
Il nous entoure ; Il est ce regard que renvoie
La glace, et ce reflet qui cherche qu'on le voie ;
Il est la nuit de l'hydre et les tigres puissants.
L'eucalyptus profond et ses sources obscures,
C'est Lui ; c'est Lui la lune et ses mutations :
Il n'est pas assouvi par ses créations,
Il lui faut être encor toutes ses créatures.
Que peut-il Lui manquer ? On m'appelait Caïn :
Dieu sait par moi le goût de la flamme sans fin.

PAROLES POUR *MILONGAS*[1]

I

LES DEUX FRÈRES

Je vais vous dire une histoire
D'un temps qui reviendra pas
Une histoire de là-bas
Qui décroche ma guitare

Sur le chemin des Troupeaux
C'étaient de fameux dimanches
Vite on retroussait ses manches
Vite on y risquait sa peau

Braves chevaux folles courses
Les cartes les osselets
Les verres on en avait
Pour sa peine et pour sa bourse

---

1. Ce mot, qui a divers sens, désigne ici un ancien type de chanson populaire en ton mineur, l'instrument accompagnateur étant la guitare et les paroles s'ordonnant traditionnellement en sixains à premier vers libre : c'est la versification du *Martín Fierro* et celle du premier des présents textes. En français, des quatrains légèrement mirlitonesques nous ont paru la forme la plus capable de passer inaperçue. On a également fait bon marché de la fidélité littérale : l'essentiel était de ne pas dépayser le lecteur.

Le deuxième de ces textes est en huitains, en espagnol comme en français.

Un jour y eut un beau drame
Un drame des temps perdus
Aujourd'hui ça n' se voit plus
Du vrai sang sur de vraies lames

C'était pas dans notre coin
Ce vent qui frappe à ma porte
Les images qu'il m'apporte
Viennent du Sud et de loin

Voyez cette sombre histoire
C'est l'histoire de deux frères
Ils s'appelaient les Iberre
De vrais héros fallait voir

Aimant pas à s' ménager
Dans l'amour ou la bagarre
Toujours du matin au soir
Au premier rang du danger

Toujours prêts et volontaires
La vraie crème du couteau
Moi je leur tir' mon chapeau
Surtout qu'ils sont sous la terre

La fierté les a perdus
C'est beau d'avoir du courage
Mais quand ça tourne à la rage
Le Destin vous tomb' dessus

Ils allaient de crime en crime
(Toujours des assassinats
Rien d'autre laissons-leur ça)
Ils comptaient plus leurs victimes

Ou plutôt (voyez la suite)
Jean les comptait ça donnait

Dix-sept morts pour lui l'aîné
Et pour le cadet dix-huit

Ça c'était insupportable
L'aîné pouvait pas fair' moins
Que d'égaliser les points
Comm' ça ça s'rait équitable

Mais il doit cacher son jeu
Pas montrer de l'impatience
Faut du cœur mais faut d'la science
Il tue l'cadet d'un coup d'feu

Puis il le traîn' c'est plus sûr
Aux voies du ch'min d'fer Comme ça
Les roues du train qui pass'ra
Lu' effaceront la figure

L'histoire est triste elle est belle
Parce qu'ell' nous remémore
Que Caïn n'a pas encore
Fini de tuer Abel.

OÙ SONT-ILS DONC ?

Le soleil se meurt et luit
Luit et se meurt sur la plaine
Dans le patio chaque nuit
Brille la lune sereine
Mais nous le temps nous entraîne
Et les vaillants et les forts
Ça fait longtemps qu'ils sont morts
Et morts sans laisser de graine

Où est-elle la vaillance
Des délivreurs de nations
Ceux qui saignaient sous les lances
Des Indiens mais tenaient bon
Où sont les grands bataillons
Leur poussière et leurs victoires
Où sont tous les morts sans gloire
Des vieilles révolutions

– Calmez-vous Dans la mémoire
Des siècles de l'avenir
Nous aurons not' part de gloire
Mêm' les lâch's vont devenir
Les héros du souvenir

Y'a rien comm' la mort en somme
Pour vous retaper un homme
Allez y a qu'à voir venir

– Où sont tes durs Buenos Aires
Ta pègre des jours anciens
Vie de chien ni mort de chien
N'abattaient ces âmes fières
Le faubourg c'était la guerre
Le vrai règne des vrais forts
Les Muragne vers le Nord
Et vers le Sud les Iberre

Les hauts faits des grands bandits
S'estompent je vous l'avoue
Le brouillard a tout terni
Tout est caché par la boue
Le char aux grinçantes roues
Emporta Jean l'Eventreur
Moreire l'homme sans peur
Où donc est-il mort mais où

– Calmez-vous Dans la mémoire...

SARMIENTO

Le marbre ne l'a pas accablé, ni la gloire.
Son âpre vérité n'a pas été limée
Par l'effort assidu de notre rhétorique.
Les centenaires, leurs tumultes et leurs fastes
N'arriveront jamais à faire de cet homme
Moins qu'un homme. Il n'est pas un ancien écho
Qui va se répondant au creux des conques vaines
Ou bien, comme tel autre, un symbole blanchi
Au service des tripoteuses dictatures.
Il est lui-même, il est le témoin de son peuple,
Il est celui qui voit nos hontes ou nos gloires,
La lumière de Mai comme l'horreur rosiste,
Et comme l'autre horreur, comme les jours muets
De l'avenir minutieux. Sarmiento, c'est
Quelqu'un qui continue à haïr, à chérir,
A combattre : lors de ces aubes de septembre
Que personne ne peut oublier ni redire,
Nous l'avons senti là. Son amour obstiné
Veut nous sauver encor. Nuit et jour, jour et nuit,
Il marche parmi nous, parmi ces hommes qui
Lui versent son salaire – il est toujours vivant –
De vénérations et d'injures. Abstrait
Dans la puissance de sa vision ainsi
Qu'en un cristal magique où tiendraient à la fois
Les trois faces du temps : futur, passé, présent,
Sarmiento le rêveur persiste à nous rêver.

À UN POÈTE MINEUR DE 1899

La tristesse qui guette à l'heure où le jour fuit
Te demandait un vers. Tu voulus d'une lente
Ligne lier ton nom à la date dolente
Où l'or va se mêlant à l'imprécise nuit.
Dans la lueur qui se soumet et qui s'échange
De quel amour tu dus polir l'étrange vers
Qui, jusqu'à la dispersion de l'univers,
Saurait seul confirmer l'heure d'azur étrange !
Y parvins-tu jamais ? De toi, mon vague aîné,
Que savoir et que dire ? Es-tu mort ? Es-tu né ?
Mais je veux que l'oubli rende à ma solitude
L'ombre légère de ta vie, et ton espoir,
Embué par le mien d'un peu de lassitude,
Qu'en quelques mots humains puisse tenir le soir.

TEXAS

Ici comme là-bas, au bord diamétral
De l'autre continent, une immense, une austère
Plaine où le cri s'abîme et périt solitaire ;
Comme là-bas l'Indien, le lasso, le cheval.
Comme là-bas, couvrant le fracas de l'histoire,
Un chant d'oiseau, le chant invisible et fortuit
Qui dit la nuit et la mémoire de la nuit ;
Comme là-bas, sur nous, la mystique écritoire
Des étoiles, dictant ce soir à mon roseau
Quelques noms que l'inépuisable labyrinthe
Des jours n'entraînera jamais : Saint-Hyacinthe,
Ou ces autres Thermopyles, El Alamo.
Comme là-bas, cette chose bientôt ravie,
Indéchiffrable et désireuse qu'est la vie.

COMPOSITION ÉCRITE
SUR UN EXEMPLAIRE
DE LA GESTE DE BEOWULF

Je demande quelquefois quelles raisons
– Car de quel long espoir flatter ma patience ? –
Me font, indifférent à ma nuit qui s'avance,
Etudier l'abrupte langue des Saxons.
Sous l'usure et le poids des longs jours, la mémoire
Laisse échapper les mots vainement répétés,
Miroir de Pénélope où je vois reflétés
Le cours et le décours d'une labile histoire.
Mais à mon doute il est chaque fois répondu
Que l'âme, de façon suffisante et secrète,
Se connaît éternelle, et qu'à sa vaste quête
Il n'est rien d'étranger ni rien de défendu.
Quittez-moi, vains ahans, poème périssable :
J'ai l'univers, j'ai sa promesse intarissable.

FRAGMENT

Une épée,
Une épée de fer forgée dans la froideur de l'aube,
Une épée gravée de runes
Que personne ne pourra tout à fait ignorer ni déchiffrer,
Une épée balte qui sera chantée en Northumbrie,
Une épée que les poètes
Egaleront à la glace et au feu,
Une épée dont un roi fera présent à un autre roi
Et ce roi à un rêve,
Une épée qui restera loyale
Jusqu'à l'heure déjà connue par le Destin,
Une épée qui éclairera la bataille.

Une épée pour la main
Que régira la belle bataille, le tissu d'hommes,
Une épée pour la main
Qui rougira les dents du loup
Et l'impitoyable bec du corbeau,
Une épée pour la main
Qui prodiguera l'or rouge,
Une épée pour la main
Qui mettra à mort le serpent dans son lit d'or,
Une épée pour la main
Qui gagnera un royaume et perdra un royaume,
Une épée pour la main
Qui abattra la forêt de lances.
Une épée pour la main de Beowulf.

À UN POÈTE SAXON

Toi dont la chair, aujourd'hui poussière et planète,
A pesé comme la nôtre sur la Terre,
Toi dont les yeux ont vu le soleil, cette illustre étoile,
Toi qui n'as pas vécu dans l'autrefois rigide
Mais dans l'incessant aujourd'hui,
Toujours au dernier point, au sommet vertigineux du
    temps ;
Toi qui as été appelé dans ton monastère
Par l'ancienne voix de l'épopée,
Toi qui as entretissé les paroles,
Toi qui as chanté la victoire de Brunanburh
Et ne l'as pas attribuée au Seigneur
Mais à l'épée de ton roi,
Toi qui dans une jubilation féroce as chanté les épées en
    fer,
La honte du Viking,
Le festin du corbeau et de l'aigle,
Toi qui dans l'ode militaire as rassemblé
Les rituelles métaphores de ta race,
Toi qui dans un temps sans histoire
As vu l'hier dans le maintenant
Et dans la sueur et le sang de Brunanburh
Un cristal d'anciennes aurores,
Toi qui aimais tant ton Angleterre
Et qui ne l'as jamais nommée –
Tu n'es autre chose aujourd'hui que quelques mots
Annotés par les germanistes.

Tu n'es autre chose aujourd'hui que ma voix
Quand elle se prend à revivre tes paroles de fer.

Je demande à mes dieux ou à la somme du temps
Que mes jours méritent l'oubli,
Que mon nom soit Personne comme celui d'Ulysse,
Mais que se perpétuent quelques-uns de mes vers
Dans la nuit propice à la mémoire
Ou dans les matins des hommes.

HENGIST CYNING

Sous la pierre gît le corps de Hengist
Qui fonda dans ces îles le premier royaume
De la race d'Odin
Et rassasia la faim des aigles.

LE ROI PARLE

Je ne connais pas les runes que le fer a gravées sur la
    pierre
Mais voici mes paroles :
Sous les cieux je fus Hengist le mercenaire.
Je vendis ma force et ma bravoure aux rois
Des régions du couchant que borde
La mer ayant pour nom
Le Guerrier Armé d'une Lance,
Mais la force et la bravoure ne supportent pas
D'être vendues par les hommes,
Et c'est ainsi qu'après avoir égorgé dans le Nord
Les ennemis du roi britton
Je lui enlevai la lumière et la vie.
J'aime le royaume que j'ai gagné par l'épée ;
Il y a des rivières pour la rame et pour le filet
Et de longs étés
Et de la terre pour le soc et pour le bétail
Et des Brittons pour la travailler

Et des villes de pierre que nous livrerons
À la désolation
Parce qu'elles sont habitées par les morts.
Je sais que derrière mon dos
Les Brittons m'appellent traître,
Mais j'ai été fidèle à ma vaillance
Et je n'ai pas laissé à d'autres le soin de mon destin
Et il n'est pas d'homme qui ait osé me trahir.

E. A. P. (1809-1849)

Pompes du marbre, noirs visages offensés
Par le ver, c'était là sa promesse funèbre.
Il se voulut celui qui convoque et célèbre,
Triomphe de la Mort, tes symboles glacés.
Il ne les craignait pas, il craignait autre chose,
Non l'ombre amère, l'ombre tiède des amours ;
Et le commun bonheur et les faciles jours.
L'or ni le marbre ne l'aveuglaient, mais la rose.
Comme s'il eût atteint le revers du miroir
Il fit son solitaire et complexe devoir
De fabricant d'effrois et de hanteur de veilles.
Peut-être que sur l'autre pente de la mort
Il persiste à bâtir, toujours seul, toujours fort,
De splendides horreurs et d'atroces merveilles.

EVERNESS

Tout existe, hormis une chose : l'oubli.
Dieu sauve le métal ; il sauve aussi la cendre,
Et sa mémoire prophétique peut comprendre
Les lunes de demain, d'hier et d'aujourd'hui.
Tout est encore et tout est déjà : les images
Dont, du jour qui va poindre à la chute du soir,
Mon visage a hanté le fugace miroir,
Et celles qu'y mettront mes incessants visages.
Nous ourdissons cette mémoire, l'univers.
Une glace va traversant un jeu de glaces ;
Les corridors sans but imitent les déserts
Et tu vois se fermer les portes quand tu passes.
Tu n'atteindras que sur l'autre aile de la nuit
L'Archétype qui Reste et la Splendeur qui Luit.

EWIGKEIT

Poème castillan, insulte à toute chair,
Es-tu là de nouveau pour redire à ma lyre
Ce que dès le latin tu n'as cessé de dire :
Que tout – arrêt atroce – est enfin pour le ver ?
Vas-tu chanter la pâle cendre et l'ombre noire,
Les fastes de la mort, les triomphes derniers
D'une reine fardée écrasant sous ses pieds
Rhétoriques les vains étendards de la gloire ?
Non pas. Ce que ma boue éphémère a béni
Je ne vais pas le désavouer comme un lâche.
Car je suis sûr que tout existe – sauf l'oubli.
Il dure et brûle en Dieu, chaque bien qui me lâche ;
J'ai pour toujours ce que mes yeux ne vont plus voir :
Cette forge là-bas, cette lune, ce soir.

ŒDIPE ET SON ÉNIGME

Quadrupède à l'aurore, à midi profilant
Sur le ciel sa droiture, et dans le jour qui baisse
À trois pattes clochant débile : la déesse
Durable ainsi voyait son frère vacillant,
L'homme. Mais vers le soir voici qu'un homme arrive,
Et tombe au piège qu'il résout : dans le miroir
De cette monstrueuse image il a pu voir,
Bouleversé, notre destin et sa dérive.
Nous sommes tous Œdipe ; il a tout su de tous,
Il a vu cette longue et triple bête : nous.
Je suis ce que je fus et ce que je vais être
Tout ensemble. Mais je serais anéanti
Si je laissais ma loi difforme m'apparaître.
Clément, Dieu m'a donné le progrès et l'oubli.

SPINOZA

Claire à son feu central sous les cieux déjà noirs
Au dur cristal forgé s'efforce la main juive.
Le jour meurt dans le froid et dans la paix craintive,
Et chaque nouveau soir ressemble aux autres soirs.
Les translucides mains, le lis et la jacinthe
Qui pâlissent au seuil étouffé du ghetto
Pour l'homme comptent peu qui d'un calme couteau
Taille le rêve d'un lucide labyrinthe.
La gloire ne l'a point troublé, vague reflet
D'un rêve au rêve d'un miroir ; il ne se plaît
Guère aux tendres amours. Libre, écartant les voiles
De l'allusive image et du mythe, il lui faut,
Cristal ardu, tracer ta carte sans défaut –
Ô Toi qui pour toujours es toutes Tes étoiles.

ESPAGNE

Par-delà les symboles,
par-delà la pompe et la cendre des anniversaires,
par-delà l'aberration du grammairien
qui voit dans l'histoire de cet hidalgo
qui rêvait d'être don Quichotte et le fut enfin,
non pas une amitié, non pas une joie,
mais un herbier d'archaïsmes et un catalogue de prover-
   bes,
tu es, silencieuse Espagne, en nous.
Espagne du bison, qui devais mourir
par le fer ou par la carabine
dans les prairies du couchant, à Montana,
Espagne d'où Ulysse descendit à la Maison de Hadès,
Espagne de l'Ibère, du Celte, du Carthaginois, et de
   Rome,
Espagne des durs Wisigoths
de race scandinave
qui épelèrent puis oublièrent l'écriture d'Ulfilas,
pasteur de peuples
Espagne de l'Islam, de la Cabale
et de la Sombre Nuit de l'Ame[1],
Espagne des inquisiteurs,
qui endurèrent le destin d'être des bourreaux
alors qu'ils auraient pu être des martyrs,

1. Poème de saint Jean de la Croix.

Espagne dont la longue aventure
déchiffra les mers et réduisit de cruels empires
et se poursuit ici, à Buenos Aires,
en ce soir de juillet soixante-quatre,
Espagne de l'autre guitare, la guitare déchirée,
non pas l'humble guitare à nous,
Espagne des patios,
Espagne de la pierre pieuse, Espagne des cathédrales et
    des sanctuaires,
Espagne des hommes de bien et de l'amitié qui coule à
    flots,
Espagne de l'inutile vaillance –
nous pouvons professer d'autres amours,
nous pouvons t'oublier
comme nous oublions notre propre passé,
parce que tu es inséparablement en nous,
dans les intimes habitudes de notre sang,
dans les Acevedo et les Suárez de mon lignage,
Espagne,
mère de fleuves, de glaives, de générations multipliées,
Espagne incessante et fatale.

ÉLÉGIE

Ô destin de Borges !
Avoir navigué sur les diverses mers du monde,
ou sur l'unique et solitaire mer aux noms divers,
avoir fait partie d'Édimbourg, de Zurich, des deux Cor-
  doues,
de la Colombie et du Texas,
être revenu, par le jeu des changeantes générations,
aux anciennes terres de sa race :
l'Andalousie, le Portugal, et ces comtés
où la guerre mêla le sang du Saxon et du Danois,
avoir erré à travers le rouge et paisible labyrinthe de Lon-
  dres,
avoir vieilli dans tant de miroirs,
avoir scruté en vain le regard de marbre des statues,
avoir examiné des lithographies, des encyclopédies, des
  atlas,
avoir vu les choses que voient les hommes,
la mort, l'aurore malaisée, la plaine
et les délicates étoiles,
et n'avoir rien ou presque rien vu
que le visage d'une jeune fille de Buenos Airés,
un visage qui ne veut pas de mon souvenir.
Ô destin de Borges,
peut-être pas plus étrange que le tien.

Bogota, 1963.

ADAM CAST FORTH

Souvent, lent dans le soir, je me suis demandé :
Jardin, existas-tu ? Jardin, n'es-tu qu'un songe ?
Un désir envieux plus d'une fois me ronge
Que ce passé que notre Ancêtre a possédé
– Lui si pauvre aujourd'hui – ne fût qu'une imposture
Magique de son Dieu. Vint l'âge : je perdis
Le goût de méditer sur ce clair Paradis,
Mais quelque part je sais qu'il existe et qu'il dure.
Pas pour moi. Moi j'ai la Terre pour châtiment,
Terre obstinée où va sans fin se consommant
De Caïn et d'Abel la guerre incestueuse.
Et pourtant c'est beaucoup d'avoir connu l'amour,
C'est beaucoup qu'il m'ait entrouvert ta radieuse
Porte, vivant Jardin, ne serait-ce qu'un jour.

À UNE MONNAIE

Froide et orageuse, la nuit où mon bateau quitta Monte-
video.
Au moment de dépasser le Cerro[1],
je jetai du haut du pont supérieur
une monnaie qui brilla et qui se noya dans les eaux
boueuses,
objet de lumière que le temps et l'ombre ravirent.
J'eus l'impression d'avoir commis un acte irrévocable,
d'ajouter à l'histoire de la planète
deux séries incessantes, parallèles, peut-être infinies :
mon destin, fait de trouble, d'amour et de vaines vicissi-
tudes,
et celui de ce disque de métal
que les eaux allaient livrer au mol abîme
ou aux mers reculées qui rongent encore
les dépouilles du Saxon et du Viking.
A chaque instant de mon sommeil ou de ma veille
correspond un autre instant de l'aveugle monnaie.
Tu m'as quelquefois fait éprouver du remords
et d'autres fois de l'envie,
toi qui es, comme nous, dans le temps et dans son laby-
rinthe
et qui ne le sais pas.

1. La Colline, presque par antonomase en ce pays plat.

AUTRE POÈME DES DONS

Je veux rendre grâce au divin
Labyrinthe des effets et des causes
Pour la diversité des créatures
Qui composent ce singulier univers,
Pour la raison, qui ne cessera jamais de rêver
Au plan du labyrinthe,
Pour le visage d'Hélène et pour la persévérance
   d'Ulysse,
Pour l'amour, qui nous permet de voir nos semblables
Comme les voit la divinité,
Pour le ferme diamant et pour l'eau dénouée,
Pour l'algèbre, palais de cristaux précis,
Pour les monnaies mystiques de Silésius,
Pour Schopenhauer,
Qui peut-être déchiffra l'univers,
Pour l'éclat du feu
Qu'aucun être humain ne peut regarder sans un ancien
   étonnement,
Pour l'acajou, le cèdre et le santal,
Pour le pain et le sel,
Pour le mystère de la rose
Qui prodigue la couleur et qui ne la voit pas,
Pour certaines veilles et certains jours de 1955[1],
Pour les durs gardians qui sur la plaine

1. Année de la révolution antipéroniste.

Font aller devant eux le bétail et l'aube,
Pour le petit matin à Montevideo,
Pour l'art de l'amitié,
Pour le dernier jour de Socrate,
Pour les mots échangés au crépuscule
D'une croix à l'autre,
Pour ce rêve de l'Islam qui embrassa
Mille nuits et une nuit,
Pour cet autre rêve, l'enfer,
Pour le feu purificateur de la Tour
Et pour ses sphères glorieuses,
Pour Swedenborg,
Qui parlait avec les anges dans les rues de Londres,
Pour les fleuves secrets et immémoriaux
Qui convergent en moi,
Pour la langue qu'il y a des siècles j'ai parlée en Northum-
    brie,
Pour l'épée et la harpe des Saxons,
Pour la mer, qui est un désert resplendissant,
Un symbole de nos ignorances
Et une épitaphe des Vikings,
Pour la musique verbale d'Angleterre,
Pour la musique verbale d'Allemagne,
Pour l'or qui brille dans les vers,
Pour l'hiver épique,
Pour le nom d'un livre que je n'ai pas lu : *Gesta Dei per
    Francos,*
Pour Verlaine, innocent comme les oiseaux,
Pour le prisme de cristal et le poids de cuivre,
Pour les zébrures du tigre,
Pour les hautes tours de San Francisco et de l'île de Man-
    hattan,
Pour le matin au Texas,
Pour ce Sévillan qui rédigea l'*Épître morale*
Et dont, comme il l'eût préféré, nous ignorons le nom ;
Pour Sénèque et pour Lucain, de Cordoue,
Qui avant la langue espagnole écrivirent
Toute la littérature espagnole,

Pour le fier et géométrique jeu d'échecs,
Pour la tortue de Zénon et la carte de Royce,
Pour l'odeur médicinale des eucalyptus,
Pour le langage, qui est capable de simuler la connais-
sance,
Pour l'oubli, qui annule ou modifie le passé,
Pour l'habitude,
Qui nous répète et nous confirme comme un miroir,
Pour le matin, qui nous procure l'illusion d'un commen-
cement,
Pour la nuit, avec ses ténèbres et son astronomie,
Pour la vaillance et le bonheur d'autrui,
Pour la patrie, sentie dans les jasmins
Ou dans une vieille épée,
Pour Whitman et saint François d'Assise, qui ont déjà
écrit le poème,
Pour le fait que le poème est inépuisable,
Qu'il se confond avec la somme des créatures,
Qu'il ne parviendra jamais au dernier vers
Et qu'il varie selon les hommes,
Pour Frances Haslam[1], qui demanda pardon à ses en-
fants
De mettre si longtemps à mourir,
Pour les minutes qui précèdent le sommeil,
Pour le sommeil et pour la mort,
Ces deux trésors cachés,
Pour les dons intimes que je n'écrirai pas,
Pour la musique, mystérieuse forme du temps.

1. Grand-mère de l'auteur.

UNE ÉPÉE À YORK

Son glaive nous le rend, cet homme fort
– Poudre de monde aujourd'hui – que la guerre
Vit sur les flots abrupts, ou sur la terre
Rasée, en vain contredire la mort.
Vaine est aussi la mort : reste une épée.
Le géant blanc du vieux Nord que sa loi
Chassa de ses forêts est devant moi
Avec ses traits, son nom, son épopée.
La longue mort ni l'exil, rien n'y fit ;
Le poing atroce opprime encor la garde,
Et cet absent m'habite et me survit.
Ombre, dans l'ombre une ombre te regarde :
Je suis l'instant aussitôt effacé,
La cendre. Il n'est de vrai que le passé.

Musée

QUATRAIN[1]

D'autres moururent, mais cela arriva dans le passé,
Qui est la saison (personne ne l'ignore) la plus propice à la
  mort.
Est-il possible que moi, sujet de Yacoub El-Mansour,
Je meure comme durent mourir les roses et Aristote ?

> Dans le *Divan d'Almotasim El-Maghrebi*
> (XIIe siècle).

1. La gaucherie rocailleuse de notre texte, ici comme dans plusieurs des pièces de ce *Musée*, est voulue et fidèle. Pour accréditer l'authenticité de ses « traductions », Borges simule une pénible littéralité.

LIMITES

Il y a une ligne de Verlaine dont je ne dois plus me ressou-
    venir,
Il y a une rue toute proche qui est défendue à mes pas,
Il y a un miroir qui m'a vu pour la dernière fois,
Il y a une porte que j'ai fermée jusqu'à la fin du monde.
Parmi les livres de ma bibliothèque (je les ai devant mes
    yeux)
Il doit y en avoir un que je n'ouvrirai jamais plus.
Cet été j'aurai cinquante ans ;
La mort me rogne, incessante.

JULIO PLATERO HAEDO,
Inscripciones
(Montevideo, 1923).

LE POÈTE PROCLAME
SA RENOMMÉE

Le cercle du Ciel est la mesure de ma gloire,
Les bibliothèques de l'Orient se disputent mes vers,
Les émirs me cherchent pour emplir ma bouche d'or,
Les anges savent déjà par cœur jusqu'à mon dernier
  zéjel.
Mes instruments de travail sont l'humiliation et l'an-
  goisse ;
Plût à Dieu que je fusse né mort.

Dans le *Divan d'Aboulcasim El-Hadrami*
(XIIe siècle).

L'ENNEMI GÉNÉREUX

Magnus Barfod entreprit en 1102 la conquête générale des royaumes d'Irlande ; on raconte qu'il reçut, la veille de sa mort, cette salutation de Muirchertach, roi de Dublin :

Que dans tes armées combattent l'or et la tempête, Magnus Barfod.

Que demain, sur les campagnes de mon royaume, ta bataille soit heureuse.

Que tes mains de roi tissent terribles la toile de l'épée.

Que soient pâture aux cygnes rouges ceux qui s'opposent à ton épée.

Que tes nombreux dieux te rassasient de gloire, qu'ils te rassasient de sang.

Que tu sois victorieux à l'aurore, roi qui mets le pied sur l'Irlande.

Que de tes nombreux jours aucun ne resplendisse comme le jour de demain.

Parce que ce jour sera le dernier. Je te le jure, roi Magnus.

Parce qu'avant que sa lumière ne soit effacée, je te vaincrai et je t'effacerai, Magnus Barfod.

H. GERING,
Anhang zur Heimskringla (1893).

LE REGRET D'HÉRACLITE[1]

Moi, qui ai été tant d'hommes, je n'ai jamais été
Celui dont l'étreinte faisait défaillir Mathilde Urbach.

GASPAR CAMERARIUS,
dans *Deliciae Poetarum Borussiae,* VII, 16.

1. Titre en français dans le texte.

VIE DE JORGE LUIS BORGES

1899. Naissance à Buenos Aires de Jorge Luis Borges. Son père, philosophe de tendance anarchiste, enseigne la psychologie à l'École normale des langues vivantes. Sa grand-mère paternelle est anglaise et c'est en anglais qu'il apprend à lire. À sept ans, il écrit en anglais un résumé de la mythologie grecque et à neuf traduit *Le Prince heureux* d'Oscar Wilde. « Si l'on me demandait, écrit-il dans son *Essai d'autobiographie,* ce qui a le plus compté dans ma vie, je répondrais : la bibliothèque de mon père. Il m'arrive de penser qu'en fait je ne suis jamais sorti de cette bibliothèque [1]. »

1914. Devenu presque aveugle, son père prend sa retraite et emmène sa famille en Europe avec l'intention de s'y installer. Les Borges visitent Paris (« une ville qui ni alors ni depuis ne m'a particulièrement séduit, contrairement à ce qui se passe avec presque tous les Argentins »), puis le nord de l'Italie et se fixent à Genève où Jorge Luis apprend le français et prépare le baccalauréat, lit Voltaire, Flaubert, Baudelaire, Maupassant, Barbusse. Il découvre Carlyle, Chesterton, Whitman, fait un effort en direction de Kant dont la *Critique de la raison pure* le « décourage », s'enthousiasme pour Schopenhauer : « Si l'énigme de l'univers pouvait être exprimée en mots, je pense que c'est dans son œuvre qu'on trouverait ces mots. » Il lit également le roman de Gustav Meyrink, *Le Golem,* qui est à l'origine de son intérêt pour le mysticisme juif, lequel s'accompagnera d'une fidélité inconditionnelle à Israël. « Depuis mon séjour d'autrefois à Genève, j'avais toujours été intéressé par cette culture hébraïque qui fait partie intégrante de notre

---

1. Tous les textes cités proviennent de cet *Essai d'autobiographie* écrit en anglais à New York en 1970. Traduction française par Michel Seymour Tripier in *Livre de préfaces,* Gallimard, 1980.

prétendue civilisation occidentale et, pendant la guerre israélo-arabe, il y a quelques années, je n'ai pas hésité un instant à choisir mon camp. »

1919. Sur le chemin du retour en Argentine, la famille s'arrête un an en Espagne, que « les Argentins, à cette époque, commençaient seulement à découvrir ». Barcelone, Palma où Borges écrit deux livres qui ne seront jamais publiés et dont l'un est une suite de poèmes exaltant la révolution bolchevique. Puis Séville et Madrid, où il fréquente les cercles de l'avant-garde « ultraïste », lit Quevedo, Unamuno, Manuel Machado, Pio Baroja.

1921. Retour en Argentine. « C'était plus qu'un retour au pays, c'était une redécouverte. Je portais sur Buenos Aires un regard d'autant plus vif et avide que j'en avais été longtemps absent. Si je n'avais pas vécu à l'étranger, je me demande si j'aurais jamais eu en revoyant cette ville le même choc et le même éblouissement. » Témoignage de cet éblouissement : *Ferveur de Buenos Aires,* son premier livre publié (en 1923), un recueil de poèmes ultraïstes dont il reniera les « excès » modernistes. « Un demi-siècle plus tard, j'en suis encore à m'efforcer de faire oublier cette période maladroite de ma vie. » Période pendant laquelle il fonde une revue, *Prisma,* puis une autre, *Proa,* avec quelques jeunes écrivains groupés autour du poète et humoriste Macedonio Fernández. « Ce que je lui dois surtout, c'est d'avoir appris à lire avec scepticisme... Son génie ne survit que dans quelques-unes de ses pages : son influence peut être comparée à celle qu'eut Socrate. J'ai vraiment aimé cet homme, plus que tout autre, presque jusqu'à l'idolâtrie. »

1923. Second voyage en Europe avec sa famille : Londres, Paris, Madrid, Palma, Séville, Grenade.

1924. Retour à Buenos Aires. Nouveau départ pour *Proa.* Nombreuses publications dont il interdira presque toujours la réédition. « Cette période de 1921 à 1930 fut pour moi une époque d'intense activité. J'écrivis et publiai pas moins de sept ouvrages — quatre volumes d'essais et trois de vers —, je fondai pas moins de trois revues et j'apportai une collaboration assez importante à près d'une douzaine d'autres périodiques. Cette productivité m'étonne aujourd'hui, et aussi le fait de me sentir presque complètement étranger à l'œuvre réalisée durant ces années-là... Dans mes livres de ces années-là, il me semble que j'ai commis la plupart des péchés capitaux littéraires... Ces péchés étaient l'écriture recherchée, la couleur locale, la quête de l'inattendu et le style du XVIIe siècle. Aujourd'hui, je ne me sens plus coupable de ces excès : ces livres ont été écrits par quelqu'un d'autre. Jusqu'à ces dernières années, si le prix n'en était pas trop élevé, je rachetais ces exemplaires et je les brûlais. »

1925. *Lune d'en face,* poèmes.

1927. Il subit la première des opérations des yeux qui le laisseront complètement aveugle à la fin des années cinquante : « la cécité était héréditaire dans ma famille » et elle l'amènera à « l'abandon graduel que je dus faire du vers libre pour m'en tenir à la métrique classique... Comme je ne pouvais faire de brouillons, j'étais obligé de me rabattre sur ma mémoire. » C'est en 1927 également qu'il commence à écrire des nouvelles (« je n'ai lu que peu de romans ») : « Il m'a fallu près de six ans, de 1927 à 1933, pour passer de l'esquisse guindée qu'était *Hombres pelearon (Des hommes se battirent)* à mon premier conte véritable, *L'Homme au coin du mur rose* » et à l'*Histoire universelle de l'infamie,* série de contes publiés dans la revue *Critica* en 1933 et 1934, qui sont des biographies de « personnages connus que je faussais délibérément au gré de ma fantaisie » ou, avec *L'Approche d'Almotasim,* des biographies canularesques et des « pseudo-essais ». Pendant cette même période, Borges publie un recueil de poèmes, *Cuaderno San Martin,* et collabore à *Sur (Sud),* une revue littéraire fondée par Victoria Ocampo.

1936. *Histoire de l'éternité,* essais. Traduction de *A room of one's own (Une chambre à soi)* de Virginia Woolf.

1937. Traduction d'*Orlando* de Virginia Woolf. Publication avec le critique Pedro Henriquez Ureña d'une *Anthologie classique de la littérature argentine.*

1938. Mort de son père. Premier emploi régulier : assistant à la Bibliothèque municipale « d'un quartier pauvre et triste du sud-ouest de la ville ». Emploi, collections, collègues, salaire, tout est minable. « Je restai à la bibliothèque environ neuf ans. Pendant ces neuf années je fus horriblement malheureux. » Il n'a rien à faire, écrit, lit Gibbon, Léon Bloy, Claudel, Bernard Shaw et, dans le tramway qui le conduit à son affreux bureau, *La Divine Comédie.* À la veille de Noël, un grave accident (un traumatisme crânien) le laisse un mois entre la vie et la mort et lui fait perdre quelque temps l'usage de la parole. Pour se persuader qu'il dispose encore de son intégrité mentale, il écrit une nouvelle, *Pierre Ménard,* puis *Tlön, Uqbar, Orbis Tertius,* où est évoquée la découverte d'un monde qui finit par remplacer le monde actuel. Suivent *La Bibliothèque de Babel,* une histoire à la Kafka (il traduit et présente en 1943 un choix de ses nouvelles), version cauchemardesque et amplifiée de son expérience de bibliothécaire —, *La Loterie à Babylone, La Mort et la boussole, Les Ruines circulaires.* « Ces contes et d'autres allaient devenir *Le Jardin aux sentiers qui bifurquent,* livre qui a été complété et retitré *Fictions* en 1944. *Fictions* et *L'Aleph* (1949 et 1952), mon deuxième recueil de nouvelles, sont à mon avis mes deux livres les plus importants. »

1943. Le recueil *Poèmes 1922-1943* rassemble presque toute son œuvre poétique antérieure.

1946. « Un président dont je ne veux pas me rappeler le nom vint à la présidence. » Il s'agit bien sûr de Perón. Renvoyé de la bibliothèque, Borges est nommé inspecteur de la volaille et des lapins sur les marchés publics. Il démissionne, et pour vivre, commence une carrière de conférencier, parcourant l'Argentine et l'Uruguay, traitant de sujets qui vont de Swedenborg et du bouddhisme à la poésie médiévale germanique et aux sagas islandaises. Il sera ensuite nommé professeur de littérature anglaise à l'Association argentine de culture anglaise et il est élu en 1950 président de la S.A.D.E. (la Société des écrivains argentins), « l'une des rares forteresses s'opposant à la dictature ». Sa mère est en résidence surveillée, sa sœur et l'un de ses neveux connaissent la prison. « J'avais moi-même un détective à mes trousses, que j'emmenai d'abord dans de longues promenades sans but avant de finir par m'en faire un ami. Il avoua que lui aussi détestait Perón, mais il devait obéir aux ordres. Ernesto Palacio m'offrit une fois de me présenter à l'Innommable mais je ne voulus pas le rencontrer. » En 1953, paraît le premier volume de ses *Œuvres complètes.*

1955. Chute de l'Innommable. Borges est nommé directeur de la Bibliothèque nationale et, l'année suivante, professeur de littérature anglaise et américaine à l'Université de Buenos Aires, poste mis au concours. « D'autres candidats avaient envoyé des listes laborieuses de leurs traductions, de leurs articles, de leurs conférences et de leurs autres réalisations. Quant à moi, je me limitai à la déclaration suivante : " Tout à fait sans y penser, j'ai passé ma vie à me préparer pour ce poste. " Cette simple façon de poser ma candidature me donna la victoire et je passai dix ou douze années heureuses à l'Université. » À peu près complètement aveugle, il se voit interdire par les médecins de lire et d'écrire. « La cécité semble avoir été courante chez les directeurs de la Bibliothèque nationale. Deux de mes éminents prédécesseurs eurent le même destin. Dans le *Poème des dons,* je parle de l'ironie splendide de Dieu qui m'accordait à la fois 800 000 livres à lire et la cécité. »

1960. À la demande d'un éditeur ami qui « avait besoin d'un nouveau livre pour la série de mes œuvres dites complètes », il fouille les tiroirs, y retrouve des poèmes inédits et des morceaux en prose datant de l'époque de *Critica*. « Je triai ces textes hétéroclites et les mis en ordre. Ils devinrent *El Hacedor* (*L'Auteur* et autres textes). Curieusement, ce livre que j'assemblai plutôt que je ne l'écrivis me paraît être mon ouvrage le plus personnel et, à mon avis, peut-être le meilleur. »

1961. Borges partage avec Samuel Beckett le prix Formentor. « La conséquence de ce prix fut que mes livres envahirent du jour au lendemain le monde occidental. » Le gouvernement italien le nomme « commendatore » et il est invité comme « visiting professor » à l'Université du Texas. Il fera ensuite de nombreux séjours aux États-Unis comme voyageur ou comme conférencier. « Les États-Unis m'apparurent comme le pays le plus amical, le plus indulgent et le plus généreux que j'aie jamais parcouru. Nous autres, Américains du Sud, nous avons tendance à être opportunistes alors qu'aux États-Unis on considère les choses sous un angle moral. Et c'est cela — protestant marginal que je suis — que j'admire par-dessus tout. Cela m'aide même à prendre mon parti des gratte-ciel, des sacs en papier, de la télévision, du plastique et de la prolifération impie des gadgets. »

1963. Troisième voyage en Europe : conférences en Angleterre, en Écosse, en France, en Espagne, en Suisse. Un autre voyage le conduira en Scandinavie : « Stockholm et Copenhague sont pour moi des villes absolument inoubliables, comme San Francisco, New York, Edimbourg, Saint-Jacques-de-Compostelle et Genève. » Il découvre également Israël : « Je revins chez moi avec la conviction d'avoir été reçu dans la plus vieille et la plus jeune des nations, d'être passé d'un pays vivant et vigilant à une partie du monde à moitié endormie. »

1964. Publication de l'*Obra poética* qui regroupe les poèmes écrits depuis 1923.

1967. Voyage en Amérique du Sud : Pérou, Colombie, Chili. Il épouse une de ses amies de jeunesse, Elsa Astete Millan, dont il divorcera en 1970.

1969. Début de la publication en anglais de ses *Œuvres complètes*. *Elogio de la sombra*, un recueil de poèmes à la louange de la nuit. « Pour terminer cet *Eloge*, j'ai travaillé tous les matins, dictant à la Bibliothèque nationale. Au moment où je finis, j'avais pris un rythme de travail qui me convenait si bien que je continuai sur ma lancée et me mis à écrire des contes. » Le recueil, publié en 1970, s'intitulera *Le Rapport de Brodie*, « un ensemble de modestes tentatives de contes écrits avec la plus grande simplicité ». Il termine également un scénario de film : *Les Autres*.

1972. *L'Or des tigres*, recueil de poèmes.

1973. Voyage en Espagne, conférences, retour par le Mexique.

1975. *Prologues*, un recueil de contes : *Le Livre de sable*, et un recueil de poèmes : *La Rose profonde*. Mort de sa mère.

1976. *Livre des rêves*, récits. *La Monnaie de fer*, poèmes, et *Nouveaux contes de Bustos Domecq*, un des nombreux ouvrages écrits par Borges en collaboration, celui-ci avec Adolfo Bioy Casares, qu'il connaît depuis 1930 et qu'il a souvent présenté comme son maître, bien qu'il fût plus jeune que lui. « Ensemble, nous nous lançâmes dans de nombreuses et diverses aventures littéraires... S'opposant à mon goût pour le pathétique, le sentencieux et le baroque, Bioy me fit comprendre que la sérénité et la réserve convenaient mieux à l'écriture. Si je puis me permettre de m'exprimer en un mot, Bioy me conduisit pas à pas vers le classicisme. » Le premier résultat de leur collaboration fut (en 1942) un recueil d'histoires policières à propos duquel ils inventèrent le personnage de Bustos Domecq, du nom de leurs deux arrière-grands-pères. « On m'a souvent demandé comment deux auteurs peuvent collaborer. Je crois que la collaboration requiert un abandon simultané de tout ego, de toute vanité. Les collaborateurs doivent oublier leur personnalité et ne plus penser qu'en fonction de l'ouvrage... En ce qui concerne les *Chroniques de Bustos Domecq* [publiées en 1967], je crois qu'elles sont meilleures que tout ce que j'ai publié sous mon propre nom et presque aussi bonnes que quoi que ce soit que Bioy ait pu écrire de son côté. »

1977. *Histoire de la nuit, Adrogué,* poèmes.

1980. Borges reçoit à Madrid le prix Cervantes. Dans les années suivantes, il est l'objet de nombreuses distinctions, en particulier en France où il est fait docteur *honoris causa* de la Sorbonne et commandeur de la Légion d'honneur. Il prononce une conférence au Collège de France et est accueilli solennellement à l'Académie des sciences morales et politiques. Un volume de la « Bibliothèque de la Pléiade » doit bientôt lui être consacré, et Borges s'affirme de plus en plus comme un infatigable voyageur, le dernier de ses projets concernant le Japon.

1986. Borges meurt à Genève le 14 juin.

A. F.

LUNE D'EN FACE

CUADERNO SAN MARTÍN

L'AUTRE, LE MÊME

MUSÉE

DU MÊME AUTEUR

Aux Éditions Gallimard

FICTIONS

ENQUÊTES

L'AUTEUR ET AUTRES TEXTES

DISCUSSION

L'ALEPH

ENTRETIENS AVEC GEORGES CHARBONNIER

ŒUVRE POÉTIQUE (1925-1965)

LE RAPPORT DE BRODIE

CONVERSATIONS AVEC RICHARD BURGIN

L'OR DES TIGRES

LE LIVRE DE SABLE

LIVRE DE PRÉFACES *suivi d'*ESSAI D'AUTOBIOGRAPHIE

LA ROSE PROFONDE. LA MONNAIE DE FER. HISTOIRE
  DE LA NUIT

Dans la collection Folio/Essais

CONFÉRENCES

Dans la collection Arcades

NEUF ESSAIS SUR DANTE

LES CONJURÉS *précédé de* LE CHIFFRE

ATLAS (en collaboration avec María Kodama).

DERNIÈRES PARUTIONS

Ce volume,
le cent quatre-vingt-seizième de la collection Poésie
composé par SEP 2000,
a été achevé d'imprimer sur les presses
de l'imprimerie Bussière à Saint-Amand (Cher),
le 22 avril 1992.
Dépôt légal : avril 1992.
1ᵉʳ dépôt légal dans la collection : février 1985.
Numéro d'imprimeur : 1147.
ISBN 2-07-032292-0./Imprimé en France.

ESPLANADA vis-à-v

de le tour Eiffel

Stânga :

》 TOUT HOMME CRÉE SANS L

MAIS L'ARTISTE SE SENT

TOUT SON ÊTRE SA PEINE

DREAPTA :

》 IL DEPEND DE CELUI QUI

OU TRÉSOR QUE JE PARLE

TIENT QU'À TOI AMI

56108